Ruth M. Fuchs

Tatort Karlsfelder See

ein Krimi aus dem Dachauer Moos

Impressum

Bibliografische Information der Deutschen Nationalbibliothek: Die Deutsche Nationalbibliothek verzeichnet diese Publikation in der Deutschen Nationalbibliografie; detaillierte Daten sind im Internet über > http://dnb.dnb.de< abrufbar.

Dieser Titel ist auch als eBook erschienen

1. Auflage 2022

Verlag: Raposa – Ruth Fuchs,
c/o Block Services
Stuttgarter Str. 106
70736 Fellbach
ruth@ruthmfuchs.de

ISBN: 978-3-754621-15-8

Herstellung und Druck über tolino media GmbH & Co. KG, Albrechtstr. 14, 80636 München. Printed in Germany. Fragen zu Produktsicherheit an: gpsr@tolino.media.

Ruth M. Fuchs

Tatort Karlsfelder See

Ein Krimi aus dem Dachauer Moos

In der Reihe „Ein Fall für Annamirl" ebenfalls erschienen:
Tatort Amper

Über die Autorin:

Ruth M. Fuchs kam 1981 aus Straubing nach München, um Verwaltungswissenschaften zu studieren und ist geblieben. Mittlerweile lebt sie mit ihrem Mann und zwei Katzen in der Nähe von Dachau. Eigentlich verstand sie sich eher als bildende Künstlerin, doch 2003 regte der Eulenverlag sie an, ihr erstes Buch zu publizieren. Nachdem sie bereits Erfolge mit ihren Märchenkrimis der Reihe *Erkül Bwaroo ermittelt* feiern konnte, wendet sie sich nun der Gegenwart und ihrer bayerischen Heimat zu.
Mehr über sie finden Sie auf ihrer Homepage:
http://www.ruthmfuchs.de

Für Jochem Reineck
Was wäre dieses Buch ohne Dich?

Inhaltsverzeichnis

Tagebuch: Montag, 8. April

Warum bin ich eigentlich nicht schon viel früher drauf gekommen, dass ein Mord die einfachste und beste Lösung für all meine Probleme ist? Wie dumm war ich, es erst mit Reden zu versuchen! Wer hält sich schon an Abmachungen, wenn es um so viel Geld geht. Nein, wenn man sicher sein will, dass jemand sein Wort hält, ist es am besten, ihn gleich ganz aus der Welt zu schaffen. Ich muss sagen, ich bin schon ein wenig stolz auf mich, dass ich so schnell reagiert habe, obwohl ich das doch so gar nicht geplant hatte. Als sich die Chance ergab, habe ich zugegriffen. Was musste mir der Trottel auch den Rücken zudrehen? Er wollte etwas aus einer Schublade holen, als wäre ich gar nicht da. Als wäre ich überhaupt nicht wichtig! Da musste ich doch etwas tun, oder? Danach war ich ganz kühl und habe, denke ich, keinen Fehler gemacht, keine Spuren hinterlassen. Im Organisieren war ich schon immer gut. Dass ich einen Mantel übergezogen habe, um das Blut an meiner Kleidung zu verdecken, war doch wirklich genial! Und dann habe ich alles in einem Müllcontainer in München entsorgt. Dort wird niemand suchen. Jetzt heißt es nur noch warten, dass die Leiche entdeckt wird.

Und immerhin habe ich in der offenen Schublade ein nettes kleines Souvenir entdeckt. Ich bin sicher, das wird mir noch gute Dienste leisten.

Ja, ich bin zufrieden mit mir. Und was sagt mein Gewissen? Fühle ich Reue? Nein. Ich wüsste auch nicht, warum. Meine Tat war gerechtfertigt. Im Grunde war alles seine eigene Schuld. Nein, ich fühle mich wie immer. Ein bisschen wütend auf mich selbst vielleicht, weil ich nicht früher auf die Idee kam, meine Schwierigkeiten so einfach und endgültig zu beseitigen. Wenn ich daran denke, wie lange ich nachts wach gelegen und mir den Kopf zerbrochen habe, wie die vertrackte Situation zu lösen ist. Dabei war es doch so einfach! Und dabei heißt es doch immer, der erste Mord sei der schwerste. Wie werde ich mich da erst fühlen, wenn ich meinen zweiten begehe? Denn ich schätze, der wird sich nicht vermeiden lassen. Die alte Frau scheint sich ja leider bester Gesundheit zu erfreuen. Ich kann ja nun nicht ewig darauf warten, dass sie endlich stirbt.

Ostermontag, 22. April 2019

01

„Ach, schau an, die Alte ist wieder da." Annamirl Hofstetter führte ihre beiden Scottish Terrier mal wieder am Karlsfelder See spazieren. Auf derselben Bank mit Blick auf den See saß wie beinahe jeden Morgen eine alte Frau, neben sich eine Thermoskanne und eine Nussschnecke oder ein Plunderstück. Was genau es war, konnte Annamirl nicht erkennen. Aber irgendetwas Süßes war es immer. „Wir machen wie immer einen großen Bogen um das Weib, verstanden?", ermahnte sie eindringlich ihre beiden Hunde. „Vor allem du, Loki. Du weißt doch bestimmt noch, wie du bei ihr gebettelt hast und wie sie dich beinahe mit dem Fuß erwischt hat. Du hättest natürlich wirklich nicht betteln sollen, das weißt du ganz genau. Aber einen Tritt hast du dafür auch nicht verdient."

Annamirl sah es immer noch genau vor sich. Sie waren an den See gekommen, und der schwarze Loki, der Süßes über alles liebte, war zu der alten Frau gelaufen, machte Männchen und wedelte bittend mit den Vorderbeinen. Da hatte die alte Frau ausgeholt, um nach dem Tier zu treten.

Loki war nichts passiert, und Annamirl hatte ihn schnell wieder trösten können, aber ab diesem Moment war die *Alte*, wie Annamirl sie nannte, obwohl sie zugegebenermaßen nur einige Jahre älter war als Annamirl selbst, bei ihr unten durch. Denn sie hatte nicht etwa verschreckt oder ängstlich mit dem Fuß auf den kleinen Hund gezielt, sondern mit einem boshaften Grinsen. Annamirl hatte deutlich das Vergnügen in ihren Augen gesehen. Nichts war besser geeignet, dass jemand Annamirl gründlich und zutiefst unsympathisch wurde.

„Die Alte ignorieren wir gepflegt", beschied Annamirl also ihre Hunde und warf noch einen Seitenblick auf die Frau, die reglos auf ihrer Bank saß, gut eingemummelt in einen braunen Mantel und offensichtlich schlafend. „Also auf geht's, viele Tage sind es ja nicht mehr, bis der See für euch tabu ist. Die wollen wir noch ausnützen, oder?"

Annamirl wollte einfach einen Bogen um die alte Frau machen, doch ihre Hunde folgten ihr nicht. Stattdessen schlichen die beiden zögerlich zu der Bank, auf der die Frau saß, verharrten dann zwei Schritte entfernt und begannen erst zu winseln, dann zu bellen. Neugierig geworden trat auch Annamirl näher heran. Neben der Frau stand wie immer eine Thermoskanne. Daneben lag auf einer Papiertüte ein angebissenes Plunderstück, auf dem es sich zwei Fliegen gemütlich gemacht hatten. Nichts wirklich Ungewöhnliches. Doch Annamirl wunderte sich, dass die Frau trotz des Hundegebells gar nicht aufwachte. Vorsichtig beugte sie sich über sie, wobei sie die beiden Fliegen aufscheuchte, und stupste sie an die Schulter. Doch, statt aufzuwachen, kippte die Frau zur Seite, stieß dabei die Thermoskanne um und blieb reglos auf der Bank liegen. Alarmiert beugte sich Annamirl über sie und rüttelte sie kräftig. Als auch das nichts half, suchte sie nach Lebenszeichen. Der Brustkorb schien sich nicht zu heben. Was machte man da nochmal? Einen Spiegel vor Mund und Nase halten und nachsehen, ob er beschlägt, fiel ihr ein. Gute Idee – nur hatte sie keinen Spiegel bei sich. Den Puls suchen? Zwei Finger am Hals, erinnerte sich Annamirl an etliche ihrer geliebten Krimis, in denen das so gemacht wurde. In den Büchern klang das ganz leicht, aber Annamirl bezweifelte, dass das in der Wirklichkeit auch so einfach war.

Aber sie hatte doch einen Erste-Hilfe-Kurs für Lehrer gemacht! Was hatte man ihr da gleich wieder beigebracht? Zeige- und Mittelfinger an die Innenseite des Handgelenks unterhalb des Daumens legen ...

„Ist was passiert?“ Eine Frau mit Pferdeschwanz kam heran. Sie mochte um die dreißig sein. Anscheinend war sie am See gejoggt, denn sie trug Leggings und eine leichte Trainingsjacke zu Laufschuhen. Anscheinend hatte sie Musik gehört, denn sie nahm ihre

Kopfhörer aus den Ohren. „Lassen S' mich mal sehen. Ich bin Krankenschwester."

Gehorsam trat Annamirl zur Seite, und die Joggerin beugte sich über die Alte auf der Bank. Routiniert betastete sie den leblosen Körper.

„Ich glaub, sie ist tot", stellte sie fest.

Inzwischen war auch schon der eine oder andere Spaziergänger aufmerksam geworden, und eine Handvoll Leute standen um Annamirl, die Krankenschwester und die Tote auf der Bank herum.

„Wir müssen einen Krankenwagen rufen", stellte die Dame im Jogginganzug fest, „auch, wenn's nichts mehr hilft."

„Und die Polizei", meinte Annamirl und tastete in ihren Taschen nach ihrem Handy. Vergebens. Sie musste es daheim vergessen haben.

„Wieso denn das? Die ist wahrscheinlich einfach an Altersschwäche gestorben", maulte ein junger Mann, der trotzdem sein Handy hob, um ein Foto zu schießen.

„Ach, sind Sie Arzt? Oder Hellseher?", fuhr Annamirl ihn da in bester Lehrermanier an und stellte sich zwischen ihn und die Tote. „Oder nein! Lassen Sie mich raten: Sie sind Gerichtsmediziner …" Sie drückte energisch seine Hand mit dem Telefon hinunter. „Machen Sie sich lieber mal nützlich und wählen Sie die 112! Mit dem Ding kann man doch auch telefonieren, oder?"

Der Junge schaute irritiert, rief dann aber doch gehorsam den Notruf.

„Und wenn hier noch einmal irgendwer ein Foto macht, kriegt er Ärger mit mir“, rief Annamirl in die Runde. „So was Geschmackloses lass ich nicht durchgehen.“

„Hetzt du dann die Hunde auf uns?“, spöttelte ein Mann um die vierzig, dessen Bierbauch merklich über den Bund der kurzen Hose hing.

Annamirl bedachte ihn mit einem vernichtenden Blick – und schaute dann nochmal genauer hin.

„Da schau her, der Ludwig aus der 7 b!“, rief sie dann. „Dicker bist worden, aber ned g'scheiter!“

Der Mann wurde puterrot. Schnell schaute er sich um, ob vielleicht ein Bekannter in der Nähe stand, und entdeckte seine Frau, die ihn anfeixte. Mist! Er zog den Kopf ein, der inzwischen so rot war wie ein frisch gekochter Hummer, und machte, dass er wegkam.

02

Es fiel Hauptkommissar Jürgen Auerbach und seinem Assistenten Patrick Scholl nicht schwer, den Tatort zu finden, nachdem sie ihren Wagen auf dem großen Parkplatz gleich neben dem See abgestellt hatten. Rechts am Restaurant vorbei und dann auf das weiß-rote Plastikband zu, mit dem die Kollegen in Uniform schon den Tatort abgesperrt hatten. Die Leute von der SpuSi in ihren weißen Overalls waren ebenfalls ein sicherer Tipp, wo Auerbach und Scholl zu suchen hatten. Auch ein Rechtsmediziner war schon da. Der beugte sich über die Leiche, nachdem die SpuSi-Leute bereits anfingen, ihre Sachen einzupacken.

Auerbach seufzte. Er hatte mit seiner Frau Resi einen Ausflug zum Starnberger See machen wollen. Eine befreundete Familie hatte dort ein Boot. Es hätte ein gemütlicher Tag auf dem Wasser werden sollen. Resi hatte sogar die alte Kuchenform ihrer Mutter ausgepackt und Osterlämmer gebacken, um sie den Freunden mitzubringen. Aber kurz vor dem Ziel hatte Auerbach der Anruf erreicht, dass eine Leiche mit ungeklärter Todesursache gefunden wurde. Mit dem einen oder anderen saftigen Fluch auf den Lippen war er also umgedreht und zurückgefahren, während seine Frau, die so etwas schon kannte, ihre Freunde anrief und absagte. Wieder daheim rief Auerbach dann noch bei Patrick an, dass er ihn auf dem Weg zum Tatort einsammeln würde.

„Immerhin auch ein See“, witzelte Patrick und fing sich einen vernichtenden Blick von seinem Chef ein. Unwillkürlich zog er den Kopf ein und nahm sich fest vor, für den Rest des Tages möglichst den Mund zu halten.

Neben der Absperrung hatte sich eine kleine Menschentraube gebildet. Was die Leute an einem toten Körper so magisch anzog, konnte Auerbach noch nie verstehen. Aber vielleicht lag das ja daran, dass er schon zu viele davon gesehen hatte.

Er wartete, bis die SpuSi auch noch ihre letzten Gerätschaften eingepackt hatte und auch der Fotograf fertig war. Als junger Hupfer hatte er einmal einen Tatort ganz unbedarft betreten, während die Kollegen noch zugange waren. Dafür war er übel gescholten worden. Das saß. So etwas passierte ihm kein zweites Mal. War ja auch nicht so schlimm. Man konnte ja warten. So ein Toter lief einem nicht weg. Er warf nur einen Blick zur Leiche hinüber: Eine alte Frau lag seitlich auf einer Parkbank, als würde sie schlafen. Kein Blut. Vielleicht war das ja gar kein Verbrechen. Aber bis auf Weiteres musste die Sache trotzdem als solches behandelt werden.

„Also gut“, wandte Auerbach sich ohne Umschweife an die Versammelten. „Ich bin Hauptkommissar Auerbach und hier, weil's hier einen Todesfall ‘geben hat. Wer hat die Tote g’funden?“

Wie einst das Rote Meer vor Moses teilte sich die Gruppe und gab den Blick frei auf eine ältere Dame, klein, ein bisschen mollig, mit weißem Haar und großen blauen Augen.

„Ja verreck … Sie schon wieder!“ Auerbach starrte sie mit offenem Mund an. „Sie hab’n die Tote g’funden? Schon wieder? Sammeln Sie sowas?“

„Aber Herr Hauptkommissar …“, tadelte Annamirl, „nur weil ich letztes Jahr zwei Tote gefunden habe …“

„Zwei Mordopfer“, verbesserte Auerbach sichtlich verstimmt. „Und ist da jetzt wieder wer umbracht word’n? Wer ist es denn diesmal?“

„Ich habe keine Ahnung.“ Annamirl lächelte.

Auerbach drehte sich um, als hinter ihm so etwas wie ein Kichern zu hören war.

„Ist ebbs?“, herrschte er Patrick an, der dort stand.

„Nein, warum?“ Patrick machte ein ernstes Gesicht.

„Ich kann unmöglich alle Menschen kennen, die in Karlsfeld wohnen“, fügte Annamirl hinzu, woraufhin Auerbach sich wieder ihr zuwandte. Gerade rechtzeitig, denn es zuckte verdächtig um Patricks Mundwinkel.

„Die letzten zwoa hamm S' aber kennt.“

„Aber das war Zufall. Außerdem waren die beiden aus Dachau."

„Und woher wissen S', dass die hier aus Karlsfeld ist?"

„Ich hab sie schon öfter auf dieser Bank sitzen sehen. Sie scheint immer herzukommen, um zu frühstücken."

„Also kennen Sie's doch!"

„Nur vom Sehen."

„Ich kenn' die Frau", merkte da die Krankenschwester an.

„Und wie heißt sie?" Eilig zückte Patrick sein Notizbuch. Einige Kollegen sprachen lieber in ihr Handy, aber daran hatte er sich nie gewöhnen können.

„Russe, glaub' ich."

„Den Vornamen wissen Sie nicht?"

„Ich kenn' sie eigentlich auch nur vom Sehen. Sie wohnt in meiner Straße. Wohnte, mein ich." Die Dame spielte verlegen mit dem Kabel ihrer Kopfhörer.

Patrick lächelte sie aufmunternd an.

„Und wo ist das?", fragte er freundlich.

„In der Fliederstraße. Sie wohnt da ganz allein in ihrem Reihenhaus."

„Wissen Sie auch die Hausnummer?"

Die Dame nannte sie und gab ihm auf sein Bitten auch ihren eigenen Namen und ihre Adresse: „Babette Wegerer. Ich arbeite im Krankenhaus Dachau."

Auerbach ließ die Gruppe stehen und ging zu dem Arzt, der inzwischen mit seiner Arbeit fertig war.

„Woran ist sie denn g'storben?"

„Woher soll ich das denn wissen?" Der Arzt schaute auf. Obwohl mit Schutzoverall und Atemschutzmaske nicht viel von ihm zu sehen war, erkannte Auerbach ihn sofort an seinen buschigen schwarzen Augenbrauen: Doktor Klose. Der war für seine unwirsche Art bekannt und gefürchtet.

Auch das noch, dachte Auerbach, das ist echt nicht mein Tag. Ich hätte heute im Bett bleiben sollen. Aber na ja, nicht mehr lang und er hatte es hinter sich.

„Ich mein ja bloß, weil Sie sind doch der Arzt!", versuchte er es trotzdem.

„Ich habe sie oberflächlich angeschaut. Mehr kann ich hier nicht tun! Ohne hellseherische Fähigkeiten kann ich da wohl kaum etwas sagen."

„Also keine Verletzung?"

„Keine offensichtliche."

„Dann war es vielleicht ein natürlicher Tod?"

„Das kann ich erst sagen, wenn ich sie auf dem Tisch habe."

Ohne sich weiter um Auerbach zu kümmern, schälte sich Dr. Klose aus seinem Schutzanzug, rollte ihn zusammen und verstaute ihn in seiner Tasche.

„Es wird wohl etwas dauern. So, wie es aussieht, wird die Staatsanwaltschaft wohl kaum Dringlichkeit anordnen. Ich schau mir die Tote also Dienstag oder Mittwoch genauer an.“ Dr. Klose nickte Auerbach zu und stapfte davon, ohne auf eine Erwiderung zu warten.

Auerbach starrte ihm ärgerlich nach. Wie er es hasste, wenn man ihn wie einen dummen Schuljungen einfach stehen ließ.

„Na, wenigstens wissen wir ungefähr, wann S’ g’storben ist“, sagte er zu sich selbst. „Die ist ja anscheinend jeden Tag zur gleichen Zeit her’kommen.“ Er ging zurück zu Patrick, der sich immer noch mit Babette Wegerer unterhielt.

„Nein, man kann nicht gerade sagen, dass sie beliebt war“, gab die gerade zu Protokoll. „Ich selber hab ja nix mit ihr zu tun g’habt, aber ich bin mit der Petra befreundet, die gleich neben ihr wohnt. Petra Hageneck. Die hat mir mal von einer üblen Sach’ erzählt, die die alte Russe mit der Katze von ihr g’macht hat.“

„Dann hatte sie öfter mal Streit mit den Nachbarn?“

„Sie war a Bissgurkn.“ Die Dame stockte und wurde rot. „Also, was ich so g’hört hab. Ob’s stimmt, weiß ich ned. Na ja, man soll über Tote ja nix Böses sag’n …“

„Machen Sie sich da mal keine Sorgen.“ Patrick lächelte ihr aufmunternd zu.

Auerbach fühlte sich ein wenig überflüssig. Anscheinend hatte sein Assistent alles gut im Griff. Also schaute er sich nach einer anderen Beschäftigung um – und sah Annamirl, die scheinbar mit den Gedanken ganz weit weg ein Stück abseits stand, aber eindeutig in Hörweite von Patricks Befragung.

„Na, haben S' alles mitbekommen?“, fragte Auerbach.

Annamirl schreckte auf, fasste sich aber schnell.

„Ich weiß gar nicht, was Sie meinen“, erklärte sie mit einem unschuldigen Augenaufschlag. Doch Auerbach fiel nicht darauf herein.

„Sie hab'n doch zug'hört, was mein Kollege da g'fragt hat“, warf er ihr vor.

„Aber Herr Hauptkommissar! Lauschen ist doch sowas von ungehörig. Wie können Sie mir so etwas unterstellen?“ Annamirl gab sich entrüstet, obwohl sie genau das getan hatte.

„Hören S' ...“ Auerbach schaute sie streng an. „Sollte sich rausstellen, dass hier ein Verbrechen vorliegt, dann mischen Sie sich nicht ein. Verstanden? Ned so wie beim letzten Mal ...“

„Als ich den Mörder letztendlich überführt habe?“

„Sie … also, das ist doch ganz wurscht!“ Auerbach wurde rot im Gesicht. „Sie mischen sich nicht ein. Hab'n S' verstand'n?“

„Ja, ich habe Sie verstanden.“ Annamirl nickte liebenswürdig. „Sie haben doch sicher nichts dagegen, dass ich jetzt die Hunde heimbringe? Die dürften inzwischen ziemlich hungrig sein. Wenn es Ihnen recht ist, komme ich in den nächsten Tagen aufs Revier und gebe meine Aussage zu Protokoll."

„Schon recht. So machen wir's. Habe d'Ehre."

„Wiedersehen." Sie schenkte Auerbach ein liebenswürdiges Lächeln und marschierte davon, wobei sie die beiden Terrier an ihren Leinen hinter sich herzog. Die beiden schienen nicht begeistert, einen Ort zu verlassen, an dem es so interessant war.

Auerbach sah ihr zufrieden nach. Er schaute sich nach Patrick um, der gerade seinen Notizblock wegsteckte. Der nickte ihm zu und trat neben ihn.

„Immerhin wissen wir, wer die Tote ist", bemerkte er.

„Ja, da wiss'n wir schon mal, wo wir anfangen mit dem Ermitteln."

„Aber es ist doch noch gar nicht raus, ob ein Verbrechen vorliegt!"

„Und das wird aa noch a bisserl dauern. So, wie ich das seh, wird die Staatsanwaltschaft koa Dringlichkeit für die Autopsie anordnen", bediente sich Auerbach schamlos bei Doktor Kloses Annahme. „Des wird also oan oder zwoa Tag dauern. Aber ich will trotzdem schon amoi a wen'g rumstochern. Wenn's dann doch a Mord war, hab'n wir dann schon ebbs in der Hand."

„Hm, na ja, wenn Sie meinen ..." Patrick sah wenig begeistert aus. Er hatte gehofft, dass Auerbach es erstmal gut sein lassen würde. Dann hätte er den Abend mit seiner Freundin Sandra verbringen und vorher noch seine Mutter besuchen können. Am Ostersonntag waren sie bei Sandras Eltern gewesen, und seine Mutter erwartete sie beide heute zum Kaffee. Aber daraus würde jetzt wohl nichts werden. Vielleicht dachte der Chef ja, wenn er schon nicht seinen Ausflug nach Starnberg machen konnte, hätte auch kein anderer ein Recht auf seine Freizeit.

„Ja, des moin i." Auerbach ignorierte Patricks betrübte Miene. „Wir fahr'n jetzt erst amoi aufs Revier in Fürstenfeldbruck, und Sie lassen den Namen durch den Computer. Mal schau'n, ob die Tote irgendwo Verwandte hat. Immerhin hat mir Ihre Ex-Lehrerin versprochen, dass sie sich dieses Mal nicht einmischt."

Patrick horchte auf.

„Hat sie das wirklich so gesagt?", forschte er skeptisch.

„Ich hab ihr g'sagt, dass sie sich raushalten soll und ob sie das verstanden hat."

„Und sie?"

„Sie hat g'sagt, sie hat's verstanden und …" Auerbach brach ab. Ihm dämmerte etwas.

„Dann hat sie Sie wohl wirklich verstanden. Aber wie ich sie kenne, war das auch schon alles", bestätigte Patrick Auerbachs Verdacht. „Ich hab als Schüler öfter mal mitbekommen, wie sie den Direktor mit so einer Spitzfindigkeit zur Verzweiflung brachte …"

„Echt jetzt?“

„Ich fürchte schon.“

Himmelherrschaftszeiten, diese verflixte Hofstetterin! Einmal mehr wünschte Auerbach sich, dass er im Bett geblieben wäre. Blödsinn, schalt er sich dann aber selbst, was soll die Alte schon groß ausrichten? Beim letzten Mal, da hat Sie einfach nur Glück gehabt. Und außerdem ist ja noch nicht einmal sicher, ob das hier überhaupt ein Mord war.

Trotzdem, ein mulmiges Gefühl hatte er weiterhin.

Auch Patrick war nicht glücklich. Seine Freundin Sandra wohnte im Haus von Annamirl. Wenn hier also tatsächlich ein Mord vorlag, wie sollte er dann der Neugier seiner ehemaligen Lehrerin auskommen?

Dienstag, 23. April 2019

01

„*Der Hund, der nach unten schaut* soll eine Entspannungsübung sein? Ich finde, nur auf den Händen und Zehen zu stehen überhaupt nicht entspannend!"

„Das sagst du jedes Mal." Annamirl lächelte ihre Freundin Monika an.

Die beiden saßen auf Annamirls Terrasse und ließen sich die Blaubeermuffins schmecken, die Monika gebacken hatte. Die beiden waren gerade von ihrem Yogakurs zurückgekehrt.

„Roswitha hat aber auch von Power-Yoga gesprochen. So einen Kurs bietet sie ja auch an. Und da ist der Hund wahrscheinlich wirklich entspannend. Anders als bei unserem gemütlichen Senioren-Yoga."

„Vermutlich. Dieses Power-Yoga scheint mir ja eher so eine schnelle Gymnastik zu sein – Aerobic nannte man das in den Achtzigern. Ich dachte immer, bei Yoga geht es um Achtsamkeit …"

„Man kann auch achtsam schnell sein."

„Hm, vielleicht. Aber lassen wir das. Erzähl mir lieber von der Toten, die du dieses Mal gefunden hast."

„Du tust ja geradezu so, als würde ich das ständig machen!“

„Zum zweiten Mal in kurzer Zeit. Wie viele Menschen gibt es wohl, die auch nur eine einzige Leiche finden? Ich kenne niemanden. Außer dir natürlich.“

„Na ja, zugegeben. Aber dieses Mal war es bestimmt kein Mord. Sie sah aus, als wäre sie einfach friedlich eingeschlafen.“

„Wer weiß? Es gibt bestimmt das eine oder andere Gift, bei dem die Wirkung so ist.“

„Wie auch immer. Das geht mich nichts an.“

„Na, hör mal! Willst du mir wirklich sagen, dass dich das gar nicht interessiert? Denk doch mal, wenn es nicht so wäre? Wärst du Miss Marple, würdest du doch bestimmt …“

„Ich bin aber nicht Miss Marple!“

„Das letzte Mal hast du dich aber so benommen. Bist du denn gar nicht neugierig?“

„Na ja, schon …“

„Na bitte.“ Zufrieden biss Monika in ihren Muffin. „Was hast du also vor?“

„Gar nichts.“

„Ach, komm schon! Du kannst dich doch zumindest ein wenig umhören! Hast du die Adresse von dieser Frau Russe mitbekommen?“

„Es war nicht zu überhören, als Patrick diese Zeugin befragte …“

„Und wo ist das?“

„In der Fliederstraße. Gar nicht so weit weg …“ Annamirl drehte ihren Muffin auf dem Teller hin und her. „Trotzdem war ich noch nie dort. Ich habe gedacht, vielleicht könnte ich mal mit den Hunden dort Gassi gehen …“ Sie hielt den Blick fest auf den Kuchen gerichtet. „Nur um mal zu sehen, wie man da so wohnt …“

„Natürlich“, stimmte Monika ihr eifrig zu. „Wir könnten ja beide mit den Hunden spazieren gehen. Sowas ist ja gut für die Verdauung. Nach dem Essen sollst du ruhen oder tausend Schritte tun, heißt es doch, nicht wahr? Und ich als Dachauerin kenne Karlsfeld sowieso viel zu wenig …“

„Das liegt daran, dass du sonst immer zu dem ‚...sollst du ruhen …‘ neigst“, lachte Annamirl.

„Na und?“ Monika gab sich entrüstet. „Es ist nie zu spät für gute Vorsätze!“

„Wartet denn dein Mann nicht auf dich?“

„Der ist Golfspielen. Ist er bei schönem Wetter eigentlich immer. Aber das weißt du ja. Trotzdem – praktisch, oder?“ Monika grinste. „Also, iss deinen Muffin auf, und dann gehen wir spazieren.“

Eine halbe Stunde später standen die beiden Damen, jede einen Terrier an der Leine, vor einem Reihenhaus. Dem vorletzten in der Straße.

„Hier muss es sein“, stellte Annamirl fest. „Könnte passen. Das sieht nicht nach einem Haus aus, in dem eine glückliche Familie lebt.“

„Oh ja. Die Fenster sollten dringend mal geputzt werden, und die Wände könnten frische Farbe vertragen“, stimmte Monika zu, „die sind ja schon ganz grau.“

„Und der Rasen ist voller Unkraut.“

„Immerhin ist das das einzige, was hier blüht.“

„Wenigstens ein Apfelbaum. Oder ist das ein Birnbaum? Ich verwechsel die immer, wenn sie nicht gerade Früchte tragen.“

„Apfelblüten sind, glaube ich, ein wenig mehr rosa.“

„Und kannst du erkennen, ob sie rosa sind?“

„Nein. In die Ferne hab ich auch schon mal besser gesehen. Und in die Nähe auch. Ach, das Alter ...“

„Sind sie Freundinnen von Frau Russe?“, schreckte die beiden da eine misstrauische Männerstimme auf.

Am Zaun des Nachbargartens stand ein älterer Herr, einen zerbeulten Hut auf dem Kopf und eine Harke in der Hand.

„Nein, aber sie ist die Freundin meiner Tante gewesen“, erklärte Annamirl, ohne rot zu werden. „Die ist gestorben, und da dachten wir ...“

„Aha, genau wie die Russe.“

„Was denn, die ist auch tot?“, gab sich Annamirl ganz erstaunt. „Schon lange?“

„Nee. Erst gestern. Eine von den Nachbarn weiter unten hat sie gefunden."

„Oje, das war bestimmt ein Schock. War sie zu Besuch bei Frau Russe?"

„I wo. Zu der geht keiner von uns. Nein, das war drüben am See."

„Schrecklich."

„Wie man's nimmt. Der weint bestimmt keiner eine Träne nach." Der Nachbar schaute sich um und beugte sich dann mit Verschwörermiene ein wenig nach vorn. „Die Russe, die hatte Haare auf den Zähnen. Und sie hat sich um nichts geschert. Keine Rücksicht auf die Nachbarn, nichts."

Annamirl nickte, während ihr durch den Kopf ging, dass Babette Wegerer ziemlich genau dasselbe gesagt hatte.

„Dann kamen Sie nicht so gut mit ihr aus, Herr ..."

„Günther. Doktor Günther. Ich bin Orthopäde."

„Sehr erfreut."

„Gleichfalls. Nein, ich kam nicht gut mit ihr aus. Das war unmöglich! Ständig hat sie sich beschwert, wenn es mal die eine oder andere Feier bei mir gab – ich habe gesellschaftliche Verpflichtungen, die bringen das so mit sich. Sie hat sogar gemeint, es wäre alles nicht so schlimm, wenn ich beim Grillen weniger Grillanzünder nehmen würde. Die würden stinken! Als ob man MIR erzählen müsste, wie man richtig grillt! Und als es mal ein bisschen länger dauerte, hat sie doch tatsächlich die Polizei gerufen!"

„Haben die Ihnen das so gesagt?"

„Natürlich nicht! Die sind doch Beamte. Und Beamte sind alle faul oder korrupt. Passt ja ganz prima, wenn man fürs Nichtstun auch noch bezahlt wird! Alles dieselbe Mischpoke. Deshalb geht es auch so bergab mit unserem Land! Aber es kann nur die Russe gewesen sein. Die ärgert mich, wo sie kann. Sie hat auch schon mal Kugeln aus Zeitungspapier in meinen Garten geworfen. Wahrscheinlich kann ich froh sein, dass es keine Steine waren!"

Zwischen diesen beiden Nachbarn war eindeutig keine Liebe verschwendet worden, dachte sich Annamirl. Monika aber stand da und nickte wissend. Das nahm der Nachbar als Aufforderung, weiter zu schimpfen.

„Schauen Sie sich das an: Der Komposthaufen! Der ist viel zu nah an meinem Zaun. Ich hab mich schon beim Landratsamt deswegen beschwert, aber die tun ja nichts! Alle korrupt."

„Aber wenn es ihr eigener Garten ist – darf sie da nicht machen, was sie will?", wagte Annamirl anzumerken.

„Na und?"

„Da kann doch das Landratsamt gar nichts machen."

„So ein Quatsch! Soll ich jetzt vielleicht auch noch Geld für einen Anwalt ausgeben? Soweit kommt's noch!“ Doktor Günther schnaubte abfällig. „Wozu zahlt man Steuern, frag ich Sie, wenn die einem noch nicht mal bei so einer Sache helfen können?“

„Ja und … wenn Sie mal mit Herrn Russe reden …“

„Es gibt keinen Herrn Russe. Nur einen Neffen. Na ja, der heißt auch Russe, das stimmt schon. Aber mit dem ist auch nicht zu reden. Der raucht im Garten, und der Rauch zieht dann zu mir hinüber – stört ihn gar nicht. Und die vom Landratsamt sagen natürlich wieder, dass sie nichts machen können. Dabei ist das ein klarer Verstoß gegen das Gesundheitsschutzgesetz!“

„Im Freien und im eigenen Garten?“

„Der Rauch zieht zu mir rüber. Also darf er da nicht rauchen!“

„Ja, manche Leute nehmen einfach keine Rücksicht“, merkte Monika an.

„Genau! Und die Russe, die war richtig bösartig. Fragen Sie mal die Hageneck auf der anderen Seite ...“ Er deutete auf das Grundstück, das auf der anderen Seite an das von Frau Russe grenzte. „Was die Alte mit der Katze von der angestellt hat … einfach nur abartig!“

Doktor Günther fuchtelte mit seiner Harke.

Annamirl öffnete den Mund, um etwas zu erwidern, als Loki plötzlich an seiner Leine zerrte und wie verrückt zu kläffen anfing. Monika, die ihn führte, wurde von dem plötzlichen Temperamentsausbruch überrascht und stolperte zur Seite.

„Dein Odin hat wohl was gewittert", rief sie, als der Hund mit ihr im Schlepptau zu dem Nachbargarten auf der anderen Seite des Russe-Grundstücks rannte.

„Odin ist der weiße", berichtigte Annamirl ruhig. Sie kannte ihren Hund nur zu gut. Loki drehte beim Anblick eines Vogels oder eines Eichhörnchens gerne mal durch, aber er war harmlos. „War schön, mit Ihnen zu plaudern", erklärte sie dem Doktor, der jetzt ein wenig verwirrt aussah. „Aber jetzt müssen Sie mich entschuldigen." Damit folgte sie Loki und Monika zu dem anderen Garten. Odin trabte brav neben ihr her. Er hatte anscheinend wenig Verständnis für seinen schwarzen Kumpel. Der stand inzwischen am Zaun des anderen Gartens und kläffte sich die Seele aus dem Leib.

„Was hat er bloß?", wunderte sich Monika.

Auf der anderen Seite des Zauns konnte Annamirl nach kurzem Suchen eine Katze entdecken, die ganz ruhig dasaß und den aufgeregten Hund mit mildem Interesse betrachtete. Sie war ein dreifarbiges Exemplar, das, halb versteckt hinter einem Busch, kaum zu erkennen war. Monika sah sie erst, als Annamirl sie darauf aufmerksam machte.

„Ach, dein kleiner schwarzer Terrier mag wohl keine Katzen? Wieso bleibt denn sein weißes Gegenstück so ruhig?“

„Odin macht sich nichts aus anderen Tieren. Deshalb heißt er ja auch Odin, nach dem obersten der Asen aus der nordischen Mythologie. Loki dagegen ginge auf alles los, was sich bewegt, wenn er dürfte. Deshalb heißt er ja auch Loki, nach dem Störenfried in der nordischen Götterwelt.“ Annamirl betrachtete ihre Freundin von der Seite. „Das hab ich dir aber aber schon hundert Mal erklärt.“

„Und es macht dir immer einen Riesenspaß, mir das zu erklären.“ Monika zuckte unbekümmert mit den Schultern. „Hört der auch mal wieder auf, sich so aufzuführen?“

Bei dem Haus zum Garten öffnete sich die Terrassentür, und eine Frau trat heraus. Annamirl schätzte sie auf Mitte dreißig. Das musste ‚die Hageneck‘ sein, von der Doktor Günther gesprochen hatte.

„Na, ärgerst du mal wieder die Hunde?“, sprach sie mit der Katze, die daraufhin beleidigt zu ihr aufsah und dann mit hocherhobenem Schwanz davon stolzierte. Loki verstummte. Er schien nicht recht zu wissen, was er davon halten sollte, und setzte sich ratlos auf die Hinterbeine. Odin setzte sich solidarisch dazu.

„Ein wunderschönes Tier“, bemerkte Annamirl, die der Katze mit den Augen folgte. „Wie heißt sie denn?“

„Woher weißt du denn, dass das eine ‚sie' ist?“, mischte sich Monika ein.

„Dreifarbige Katzen sind immer weiblich.“

„Ach?“

„Aha, Sie kennen sich aus.“ Frau Hageneck lächelte anerkennend.

„Nur ein wenig“, versicherte Annamirl bescheiden. „Ich bin, wie Sie sehen, eher ein Hundemensch.“

„Hauptsach' tierlieb.“ Frau Hageneck machte eine wegwerfende Handbewegung. „Mir ist alles recht. Ich bring noch nicht einmal Spinnen um, obwohl ich sie nicht mag.“

„Na, solange Sie keinen Schreikrampf kriegen, wenn Sie eine sehen.“ Monika lächelte. „Ich hatte mal eine Kollegin, die drehte regelmäßig durch und kam erst wieder, nachdem ich die Spinne zum Fenster hinaus befördert habe …“

„Wenigstens hab'n Sie's nicht eing'saugt.“

„Nein, das finde ich grausam.“

„Sie haben einen sehr schönen Garten.“ Bewundernd ließ Annamirl den Blick über die Beete streifen, die geradezu überquollen von Tulpen und Stauden, die zum Teil bereits blühten, oder zumindest schon Knospen trugen. Im Sommer war das hier sicherlich ein wahres Blütenmeer. Abgetrennt wurden die Beete nur durch bekieste Pfade. Ein Kirschbaum blühte verschwenderisch, und ein kleiner Weidenbaum am Zaun trug pelzige Kätzchen, an denen sich schon gelbe Staubbeutel gebildet hatten. Annamirl konnte auch eine Kräuterspirale erkennen. Es gab nur ein kleines Stück Rasen bei der Terrasse, alles andere war voller Blumen. Ein kleines Paradies.

„Ja, mein Garten ist mein ganzer Stolz!" Jetzt strahlte Frau Hageneck. „Und ich leg' Wert drauf, dass auch die Bienen was davon haben."

„Ihre Nachbarin sollte sich mal ein Beispiel an Ihnen nehmen", stellte Annamirl fest mit einem bezeichnenden Blick auf den Unkrautrasen nebenan.

„Hör'n Sie mir auf mit der alten Russe." Frau Hageneck fuhr sich durch ihr unordentliches blondes Haar. „Jedes Jahr hatt' ich Ärger mit ihr, weil angeblich der Samen meiner Blumen in ihren Garten fliegt und austreibt. Selbst wenn's so wäre, das würde dem ‚Garten' nichts schaden. Warum die überhaupt einen Garten hat, geht mir eh nicht ein. Blumen mag sie nicht und Tiere auch nicht. Die ist sogar mit dem Gartenschlauch auf meine Saskia los'gangen, als die sich mal in ihren Garten verirrte. Saskia ist die Katze." Sie deutete in die Richtung, in der die Katze verschwunden war. „Hinter dem Fliederbusch da war ein Loch im Zaun. Das hatt' ich noch nicht g'merkt – abgesehen davon hätt' die Russe ja auch was dagegen machen können, ist ja auch ihr Zaun. Jedenfalls ist Saskia durch das Loch zu ihr rüber, und die Russe ging mit dem Schlauch auf sie los.

Hat den Strahl voll aufdreht, die Russe. Natürlich war Saskia z' schnell für sie, aber sie hat sogar noch nach ihr g'spritzt, als meine Kleine schon wieder in unserem Garten war." Frau Hageneck kniff empört die Lippen zusammen. „Hab auch mal g'seh'n, wie die Russe auf ein Eichhörnchen eing'schimpf hat, das auf ihrem Apfelbaum war", fuhr sie dann fort. „Ich glaub, das arme Ding wusste gar nicht, was los war."

Annamirl und Monika nickten unisono. Immerhin war die Frage Apfel- oder Birnbaum damit geklärt.

„Aber das Schlimmste war, als die Russe mal mit einem Spaten auf einen Igel losging!" Jetzt redete sich Frau Hageneck richtig in Rage. „Ich konnt' g'rade noch verhindern, dass sie ihn tot schlägt." Sie wies auf eine Kiste, die in einer Ecke zwischen den Büschen stand. „Ich hab ein Igelhäuschen, wie Sie sehen. Die armen Viecherl werden ja immer weniger."

„Und die vielen überfahrenen Igel auf der Straße", stimmte Monika zu.

„Das liegt daran, dass die armen Kerlchen zu wenig zu fressen finden und dass sie in immer größeren Umkreis suchen müssen. Das sind Insektenfresser und es nutzt gar nichts, wenn sie stattdessen Obst fressen. Wussten Sie, dass Igel bei vollem Obstmagen verhungern können? Oder sie sterben, weil sie zu schwach sind. Deshalb stelle ich ihnen Katzenfutter und Mehlwürmer hin."

„Und Ihre Nachbarin stört das?“

„Die hat oft rumgezetert desweg’n. Wie ein Fischweib hat S’ g’schimpft! Nannte sie Ungeziefer und verlauste Schmarotzer. Wobei ich zugeb’n muss, dass Igel schon mal Zecken und so was haben können …“ Frau Hageneck warf einen Blick in den Nachbargarten. „Aber was will man schon erwart’n, wenn jemand so einen Garten hat.“

„Na ja, das kann ja jetzt eigentlich nur besser werden, nicht?“, sagte Monika aufmunternd. „Wir haben gerade gehört, dass Ihre Nachbarin gestorben ist.“

„Stimmt. Gestern. Meine Freundin Betty hat sie gefunden. Saß am See auf einer Bank und war plötzlich tot, die Russe.“

„Ach, du meine Güte!“ Monika machte ein entsetztes Gesicht. „Wie konnte das denn passieren?“

„Keine Ahnung. Wahrscheinlich hat die Bosheit ihr das Herz ab’drückt. Oder sie wurde ermordet.“

„Ermordet?“

„Betty hat g’meint, die Polizei war da. Das wär sie doch bestimmt nicht, wenn da nicht was Verdächtiges gewesen wäre.“

Betty, überlegte Annamirl, musste die Krankenschwester sein. Die hatte also die Heldentat, eine Leiche zu finden, ganz allein für sich reklamiert. Nun, das konnte Annamirl ja nur recht sein.

„Aber ein Mord", warf sie nun zweifelnd ein. „Wer würde denn so etwas tun?"

„Die Russe hat einen Neffen, den Michi. Würde mich nicht wundern, wenn der Schulden hätt', so wie der mit dem Geld um sich schmeißt."

„Und haben Sie gar keine Angst, dass jetzt jemand neben Ihnen einzieht, der vielleicht ein Mörder ist?" Monika warf einen ängstlichen Blick auf das Nachbarhaus, als würde es sich im nächsten Moment in Draculas Schloss verwandeln. „Ich meine, falls er das Haus erbt ..."

„Der Michi hier einziehen?" Frau Hageneck lachte auf. „Der wohnt doch ganz großkotzig in Gröbenzell! Der wird das Haus verkauf'n, so schnell es geht. Falls er überhaupt was erbt."

„Wieso das denn?"

„Na ja ..." Frau Hageneck grinste überlegen. „Seit ein paar Wochen kam da fast täglich so ein junger Mann zu der Russe. Ich hab erst denkt, das ist ein Pfleger oder so. Aber wie der mit ihr umgangen ist ... Tat ihr schön ins G'sicht und so. Das war bestimmt kein Pfleger. Und die Russe war ganz vernarrt in den. Und ich hab sie mal zu ihm sagen hör'n, dass sie dafür sorgen wird, dass er alles von ihr kriegt, wenn sie mal nicht mehr ist ..."

„Na, das war doch sehr aufschlussreich!“, freute sich Monika, als sie wieder in Annamirls Zuhause beisammen saßen.

„Ja, da hast du recht“, nickte Annamirl, „ich werde auch so ein Igelhäuschen aufstellen. Ich wusste gar nicht, dass es um die armen Kerlchen so schlecht bestellt ist.“

„Ich meine doch ...“ Monika unterbrach sich. „Ja klar, zieh mich ruhig auf. Und damit du‘s weißt: Mein Garten ist zwar klein, aber einen Platz für so ein Igelhäuschen finde ich bestimmt auch. Aber das ist gar nicht der Punkt, und das weißt du auch! Wir wissen jetzt immerhin, dass die Tote einen Neffen hat und einen geheimnisvollen Typen kannte, der sie besucht und umgarnt hat. Da hätten wir dann schon einmal zwei Mordmotive!“

„Es ist doch noch gar nicht heraus, ob es Mord war.“

„Machst du Witze? Natürlich war es Mord.“ Monika machte ein entrüstetes Gesicht. „Was soll es denn sonst gewesen sein? Wahrscheinlich wurde sie vergiftet. Du hast mir doch erzählt, dass sie eine Thermoskanne dabei hatte.“

02

„Frau Russe hat einen Neffen, der in Gröbenzell wohnt. Anscheinend ihr einziger lebender Verwandter", erklärte Julia, Patricks Kollegin, mit der er sich ein Büro teilte. „Zumindest spuckt der Computer sonst niemanden aus."

„Bist du krank?" Patrick war ein wenig irritiert. Julia und er saßen sich gegenüber und hatten ein freundschaftliches Verhältnis. Im Stillen hatte Patrick immer für seine Kollegin geschwärmt, die war aber bis vor wenigen Monaten in festen Händen. Und seit er Sandra kannte, hatte sich die Schwärmerei ziemlich schnell gelegt.

„Nein, mir geht es gut." Julia zog fragend eine Augenbraue hoch. „Wieso?"

„Weil … mein Croissant … es ist immer noch da!"

Patrick brachte immer Croissants für sie beide zum Frühstück mit – und Julia aß ihm seines immer weg, wenn er nicht höllisch aufpasste. Doch heute hatte er die Tüte auf dem Schreibtisch deponiert, während er sich Kaffee holte. Und sein Croissant war immer noch drin.

„Na und? Ich habe eben beschlossen, mal ein wenig netter zu dir zu sein. Es war ja wirklich nicht in Ordnung, dir immer alles weg zu schnabulieren ..." Julias

Gesicht bekam einen spitzbübischen Ausdruck. „Aber ich muss schon sagen, dass es mir verdammt schwer gefallen ist. Also lobe mich entsprechend ausführlich."

Patrick lachte auf.

„Großes Lob!", verkündete er großzügig. Dann runzelte er die Stirn. „Noch nichts von der Forensik, nehme ich an?"

„Nein, ich habe nachgefragt und mir einen Anpfiff von Doktor Klose eingefangen. Hat mir erklärt, dass er nur zwei Hände hat und drei Leichen im Kühlraum – was auch immer er damit sagen will. Jedenfalls meinte er, vor heute Nachmittag würde es sicher nichts werden."

„Dann besuchen wir eben schon mal den Neffen. Der Chef möchte, dass wir uns da drüber machen, als wäre es ein Mord. Wo wohnt der Neffe denn?"

„Ich drucke dir die Adresse aus. Du und der Chef wollen bestimmt gleich hinfahren, oder?" Julia zog eine Schnute. „Ich wünschte, ich käme auch mal so viel rum wie ihr beide."

„Du bist unsere Ermittlerin im Hintergrund."

„Ja, natürlich."

„Ich frag den Chef gerne, ob er dich mal zur Abwechslung mitnehmen will."

„Eigentlich dachte ich eher daran, dass wir beide mal zusammen rausfahren."

„Aber ich bin doch nur ein kleiner HiWi!"

„Ach Unsinn! Du hast doch schon eine Menge Erfahrung!" Jetzt breitete sich ein Grinsen auf Julias Gesicht aus. „Na, komm, wir fragen den Auerbach einfach mal. Mehr als Nein sagen kann er ja nicht."

Doch, konnte er, widersprach Patrick im Stillen, sagte es aber nicht laut. Zumindest tendierte Auerbach dazu, ein Nein sehr viel wortreicher auszudrücken. Und dabei war er bei der Wortwahl nicht zimperlich. Mit einem unguten Gefühl folgte er Julia, die sofort zielstrebig aus dem Zimmer ging, um den Chef in seinem Büro aufzusuchen.

Zu Patricks Erstaunen fand Auerbach die Idee aber großartig.

„Das ist ja bloß eine Routinebefragung", stellte er fest. „Da könnt ihr zwei ned viel falsch machen."

Nicht gerade ein Kompliment. Aber so oder so, Julia und Patrick machten sich auf den Weg, um Michael Russe, dem Neffen der verstorbenen Afra Russe, einen Besuch abzustatten.

Wie sich herausstellte, bewohnte Michael Russe eine Maisonettewohnung in einem Neubauviertel Gröbenzells, dem man die gehobene Preisklasse ansah. Von außen gediegen, aber doch schlicht, entpuppte sich die Wohnung innen als ziemlich luxurios. Der Mann, der Patrick und Julia die Tür öffnete, war der Inbegriff eines gepflegten Geschäftsmannes mit sorgfältig gestutztem, blonden Vollbart zu einem modernen Haarschnitt: Oben lang und zu einem Schwänzchen zusammengefasst, dafür an den Seiten kurz rasiert. Patrick fand diese Art von Frisur einfach nur affig. Außerdem roch ihm der Typ zu aufdringlich nach Rasierwasser. Bestimmt furchtbar teuer. Aber musste der Kerl denn gleich darin baden? Julia dagegen schien von Michael Russe erst einmal recht angetan. Das wurmte Patrick, obwohl er sich selber fragte, warum. Es konnte ihm ja schließlich egal sein, was für Männer Julia toll fand.

Russe bat sie mit einer Handbewegung herein und schlug dann die Tür mit Schwung zu.

„Tut mir leid", entschuldigte er sich, als sowohl Julia als auch Patrick erschrocken herumfuhren. „Im April, wenn's wärmer wird, verzieht sich die Tür immer ein bisschen und klemmt dann. Ich weiß, ich hätte mich längst drum kümmern müssen. Aber bis ich die Zeit finde, ist es wieder Herbst, und alles ist von allein wieder gut." Er grinste schief und bedeutete seinen beiden Besuchern, ihm zu folgen.

„Ich muss zugeben, ich bin etwas erstaunt, dass die Polizei zu mir kommt", erklärte er, als er sie in ein geräumiges Wohnzimmer führte. „Am Tod meiner Tante ist doch sicherlich nichts Verdächtiges. Kann ich Ihnen etwas zu trinken anbieten?"

„Nein, danke." Patrick schaute sich um. Auf zwei Sofas waren diverse Kleidungsstücke ausgebreitet. Russe bemerkte seinen Blick und stieß ein kurzes Lachen aus.

„Ich checke gerade meine Garderobe nach schwarzer oder wenigstens dunkler Kleidung“, erklärte er mit einer wegwerfenden Geste. „Meine Tante hat immer großen Wert auf Formalitäten gelegt. Bei einem Trauerfall trägt man Schwarz und so. Und als ihr einziger Verwandter bin ich ihr das schuldig.“

„Dann gibt es außer Ihnen niemand, der Ihrer Tante nahestand?“

„Nicht, dass ich wüsste.“ Russe schüttelte den Kopf. „Ich bin alles, was Tante Afra noch an Familie hatte. Sie war die Schwester meines Vaters. Als meine Eltern bei einem Unfall ums Leben kamen, hat sie mich praktisch großgezogen.“

„Praktisch?“

„Na ja …“, wieder dieses kurze Lachen, „sie war nicht gerade das, was man liebevoll nennen könnte. Sie hat nie geheiratet und dementsprechend keine eigenen Kinder. Da war sie wohl etwas überfordert mit mir. Aber setzen Sie sich doch!“

Russe räumte zwei Jacketts und einige Hemden von einem der Sofas. Julia und Patrick nahmen Platz. Russe setzte sich breitbeinig ihnen gegenüber.

„Aber Sie hatten immer noch Kontakt zu Frau Russe?“, nahm Patrick das Gespräch wieder auf.

„Ja, klar. Ich habe sie regelmäßig besucht und war zur Stelle, wenn es mal etwas zu reparieren gab oder so. Außerdem habe ich mich um ihre Finanzen gekümmert. Da verlor sie gern mal die Übersicht. Sie war ja auch nicht mehr die Jüngste."

„War Ihre Tante wohlhabend?"

„Hm. Ja, ich denke, das kann man so sagen. Sie hat eigentlich immer geknausert, obwohl sie sich ein Leben in Luxus hätte leisten können. Ich lag ihr immer in den Ohren, dass sie mehr Geld in ihr Haus stecken sollte. Sanierungsreif genug war es ja. Und ich als Architekt hätte da schon ein paar gute Ideen gehabt. Aber davon wollte sie nichts wissen. Irgendwie schien es ihr immer die größte Freude zu machen, wenn auf ihren Bankauszügen möglichst viele Stellen vor dem Komma standen." Russe grinste.

„Und Sie erben jetzt diese vielen Stellen links vom Komma?"

„Ich …" Jetzt wurde Russe ernst. „Hören Sie: Ich habe das Geld meiner Tante nicht nötig. Ich führe ein erfolgreiches Architekturbüro. Aber ja, ich bin der Alleinerbe." Er lehnte sich in seinem Sessel zurück und schaute Patrick herausfordernd an. „Selbst wenn ich das Geld nötig hätte", fuhr er fort, als Patrick nichts sagte, „hätte ich meine Tante nicht umbringen müssen. Es war nur eine Frage der Zeit, bis Sie … hm … von uns ging. Sie hatte ein schwaches Herz und war schon über achtzig. Der Arzt verschrieb ihr Medikamente. Die nahm sie aber nicht. Ich konnte machen, was ich wollte. Ich hab ihr so einen Schieber für die Tabletten gekauft – Montag bis Sonntag durchnummeriert – und die Pillen einsortiert. Als ich das nächste Mal zu Besuch war, stand das Ding noch immer unbenutzt herum, und sie hatte nicht eine Tablette genommen. Sie meinte dann, sie hätte die Dinger aus der Packung genommen. Aber ich kenne Tante Afra lange genug, um zu wissen, wann sie lügt. Mit der Wahrheit hat sie es noch nie zu genau genommen."

„Dann wird die Autopsie Ihre Annahme sicher bestätigen", versicherte Patrick, der sich im Stillen fragte, warum Russe so genau den Gesundheitszustand seiner Tante beschrieb. „Erlauben Sie mir trotzdem die Frage, wo Sie am Sonntag Vormittag waren?"

„Da war ich mit meiner Verlobten zusammen."

„Was die Dame bestätigen kann?", mischte Julia sich zum ersten Mal in das Gespräch ein, nachdem sie bisher eigentlich mehr die geschmackvolle Einrichtung bewundert hatte.

„Natürlich kann sie das!" Russe begann, ungeduldig mit dem Finger auf die Lehne des Sessels zu klopfen. „Oder wollen Sie mich lieber gleich verhaften?"

„Selbstverständlich nicht." Patrick schüttelte den Kopf. „Die Frage ist reine Routine. Und bestimmt haben Sie recht, dass die Untersuchung der Leiche eine ganz natürliche Todesursache ergeben wird. Wir verdächtigen niemanden und wir unterstellen keinem etwas. Wir müssen eben auch unsere Arbeit machen.“ Er zuckte mit den Schultern.

„Na ja, klar. Das verstehe ich.“ Russe stand unvermittelt auf. „Es ist für alle Seiten unangenehm. Wenn es Ihnen nichts ausmacht, geh ich kurz auf den Balkon, eine rauchen. Ich möchte keinen Rauch hier drinnen, aber ich könnte jetzt wirklich eine Kippe vertragen. Ich lass die Tür auf, dann können wir weiterreden.“

Ohne die Antwort abzuwarten, öffnete er die Glastür, die auf den Balkon führte, und ging hinaus, wo er sich eine Zigarette ansteckte.

„Wissen Sie denn schon, wann die Autopsie sein wird und wann die Leiche meiner Tante freigegeben wird?“, rief er zu seinen beiden Gästen hinein, nachdem er einen langen Zug genommen hatte. „Ich muss mich schließlich um die Beerdigung kümmern.“ Wieder dieses kurze Auflachen. „Nicht dass ich erwarte, dass außer mir noch jemand kommen wird. Man kann nicht gerade behaupten, dass meine Tante sonderlich beliebt war.“

Patrick und Julia wechselten einen Blick.

„Leider wissen wir da noch nichts Genaues“, antwortete Julia. „Aber Sie erhalten natürlich schnellstmöglich Bescheid.“

„Hat Ihre Tante eigentlich ein Testament gemacht?“, wollte Patrick wissen. „Nur auch noch so eine Routinefrage, Sie verstehen ...“

„Ein Testament?“ Russe brach in schallendes Gelächter aus. „Ein Testament! Der ist gut! Natürlich hat Tante Afra ein Testament gemacht. Ständig.“ Als er die verständnislosen Gesichter seiner Besucher sah, lachte er noch mehr. „Sie war dauernd beim Anwalt, wegen allem Möglichen. Sie wollte schon mal ihren Nachbarn verklagen, weil der jedes Wochenende grillt, und sie fand, dass es stinkt. Ganz Unrecht hatte sie nicht. Der Kerl benutzt viel zu viele Grillanzünder. Die anderen Nachbarn wollte sie auch schon anzeigen, weil die Katze von denen in ihren Garten gekackt hat. Meine Tante war praktisch Dauergast in der Kanzlei Laumann. Ich hab sie da des Öfteren hingefahren und begleitet. Bei denen hat sie auch ihr Testament hinterlegt und immer mal wieder geändert. Aber letztlich erbe ich alles. Ist ja sonst keiner da. Wie ich schon sagte, beliebt war sie nicht, meine verehrte Tante.“

„Das lief doch jetzt eigentlich ganz prima, oder?“, stellte Julia fest, als sie wieder auf dem Weg zurück aufs Revier in Fürstenfeldbruck waren. „Du hast das ganz hervorragend gemacht, finde ich. Der Auerbach könnte dich ruhig öfter mal was allein machen lassen.“

Patrick fühlte sich geschmeichelt. Auch er hatte das Gefühl, dass er die Angelegenheit ganz gut gehandhabt hatte.

„Ich frage mich, warum der Typ uns gleich die Krankengeschichte seiner Tante serviert hat“, überlegte er laut. Julia sollte ruhig merken, dass er auch in dieser Hinsicht einiges drauf hatte. „Dafür gab es ja eigentlich keinen Grund.“

„Du meinst, er macht sich damit verdächtig? Wow, das ist mir gar nicht aufgefallen. Aber du hast recht. Du bist echt gut!“

„Na ja, so etwas Besonderes ist es nun auch wieder nicht“, wehrte Patrick ab. Das ging ihm jetzt doch ein wenig zu weit.

„Quatsch! Du bist viel zu bescheiden.“ Julia lachte. „Und du kannst mit Komplimenten nicht umgehen.“ Sie legte den Kopf schief und betrachtete Patrick von der Seite: „Sag mal, wie wäre es, wenn wir heute Abend zusammen was trinken gehen?“

Die Frage traf Patrick so unvermittelt, dass er fast eine Vollbremsung hingelegt hätte.

„Was trinken?“, fragte er nach. Wann immer er Julia früher diese Frage gestellt hatte, wurde er abgewimmelt und vertröstet.

„Ja. In irgendeiner netten Kneipe. Wir könnten was trinken und ein bisschen quatschen. Im Büro kommt man ja doch nicht so recht dazu.“

„Äh, na ja, das stimmt schon." Patrick holte tief Luft. „Aber heute kann ich unmöglich. Ich treffe mich mit Sandra. Nachdem wir am Sonntag nicht zum gemeinsamen Abendessen gekommen sind, wollen wir das heute nachholen." Wieso rechtfertige ich mich eigentlich, schoss es ihm durch den Kopf, kaum dass er geantwortet hatte. Ich bin Julia ja wohl keine Rechenschaft schuldig.

„Ach so." Julia machte ein enttäuschtes Gesicht. „Ich versteh schon. Sandra … das ist die Kollegin aus der IT-Abteilung, nicht?"

„Ja, das ist sie."

„Dann ist es was Festes mit euch beiden?"

„Äh … na ja … ich glaub schon", stotterte Patrick und spürte, wie er einen heißen Kopf bekam. Bestimmt war er jetzt rot bis hinter die Ohren. „Also … ja, ich denke schon." Was verstand Julia wohl unter ‚was Festes'? Sie konnte ja wohl nicht meinen, dass er und Sandra Heiratspläne schmiedeten, oder doch?

Julia lachte laut auf.

„Ich seh schon ...", sagte sie leichthin. „Wie wäre es denn dann mit morgen?"

„Du meinst, morgen, nach der Arbeit?"

„Genau."

„Hm, ginge auch übermorgen?"

„Du scheinst ja sehr beschäftigt. Aber ja, übermorgen ginge auch."

„Ja, das wäre fein."

„Prima. Ich kenne da ein nettes Lokal, gleich um die Ecke vom Revier. Eigentlich könnten wir da auch gleich was essen, oder?"

„Bietet sich an."

Julia lehnte sich zufrieden zurück.

„Wo wir jetzt schon unterwegs sind, könnten wir ja noch bei dem Rechtsanwalt vorbeischauen", schlug sie vor, nachdem sie eine Weile schweigend nebeneinandergesessen hatten. „So viele Kanzleien mit Namen Laumann wird es ja nicht geben." Und schon zog sie ihr Handy hervor, um im Internet nach der Adresse zu suchen.

„Ich glaube nicht, dass das viel Sinn hat", widersprach Patrick. „Solange wir nicht wissen, ob es sich um einen Mord handelt, haben wir keinen Grund, ihn zu befragen."

„Aber ein Versuch kann doch nicht schaden! Da, ich hab's. Die Kanzlei ist in Dachau."

„Dann muss ich jetzt aber extra den ganzen Weg wieder zurück", beschwerte sich Patrick. „Dachau liegt ja genau in der anderen Richtung! Und wahrscheinlich hat die Kanzlei ohnehin zu wegen Osterurlaub oder so."

„Ach komm! Der Auerbach ist bestimmt schwer beeindruckt, weil du Initiative zeigst."

„Der ist von nichts und niemandem beeindruckt und fragt höchstens, warum ich so einen Blödsinn mache.“

„Bestimmt nicht. Na komm schon. Schau mal, da vorne kannst du ganz leicht umdrehen …“

03

In der Rechtsanwaltskanzlei wurden Julia und Patrick von einer jungen Dame begrüßt, die gleich der Eingangstür gegenüber hinter einem riesigen, alten Schreibtisch saß.

„Haben Sie einen Termin?“, wollte die freundlich, aber ein wenig irritiert wissen. „Ich habe gar keinen Eintrag …“

„Nein, wir haben keinen Termin.“ Patrick zückte seinen Ausweis. „Mein Name ist Patrick Scholl und das ist meine Kollegin Frau Weyer. Und Sie sind die Sekretärin von Herrn Laumann?“

„Assistentin, wenn’s recht ist. Mein Name ist Seebohm. Und es heißt Doktor Laumann.“ Die Dame runzelte missbilligend die Stirn.

„Verzeihung“, entschuldigte sich Patrick schnell. „Wir kommen wegen Frau Afra Russe. Sie war, glaube ich, eine Klientin Ihrer Kanzlei?“

„Ja, das war sie. Scheußliche Sache. Dann handelt es sich doch um ein Verbrechen?“ Frau Seebohm sah beunruhigt aus.

„Wir würden das gerne mit Herrn Doktor Laumann besprechen“, beschied Julia sie ein wenig ungeduldig.

„Oh, ja, natürlich.“ Die Assistentin schien jetzt verlegen. Vielleicht wurde sie sogar ein wenig rot, obwohl das schwer zu sagen war, denn die Dame trug ziemlich viel Rouge.

„Einen Moment. Ich frage nach …“ Eilig erhob sich Frau Seebohm und marschierte zu einer Tür an der rechten Seite. Sie klopfte, wartete kurz und öffnete die Tür dann gerade weit genug, um den Kopf ins Zimmer stecken zu können.

Was sie sagte, konnten Patrick und Julia genauso wenig verstehen wie die Antwort. Doch die war wohl positiv, denn Frau Seebohm öffnete nun die Tür ganz weit und bat die beiden einzutreten.

Hinter einem Schreibtisch, der in Alter und Größe dem der Assistentin in nichts nachstand, saß ein wohlbeleibter Mann um die fünfzig, mit einer großen Brille und nur noch wenigen Haaren auf dem Kopf.

„Sie kommen wegen meiner Mandantin, Frau Russe?“, fragte er statt einer Begrüßung und wies mit einer Handbewegung auf zwei Stühle, die auf der anderen Seite des Tisches standen. „Was kann ich für Sie tun?“

Julia und Patrick setzten sich.

„Wir haben gehört, dass Frau Russe ihr Testament bei Ihnen gemacht hat“, erklärte Patrick.

„Das hat sie“, nickte der Anwalt.

„Und wer erbt ihr Vermögen? Soviel wir wissen, war Frau Russe nicht gerade arm.“ Patrick fühlte sich unwohl. Er konnte sich vorstellen, was als Nächstes kommen würde. Und tatsächlich:

„Das Prinzip der anwaltlichen Schweigepflicht ist Ihnen vertraut?“ Der Anwalt putzte ein unsichtbares Stäubchen vom Ärmel seines dunklen Anzugs.

„Aber wo sie jetzt doch tot ist?“, platzte Julia heraus.

„Das spielt keine Rolle. Oder handelt es sich um ein Verbrechen?“

„Das …“ Patrick wand sich innerlich, „wissen wir noch nicht.“

„Dann muss ich Sie bitten zu warten, bis Sie es wissen, oder bis nach der Testamentseröffnung. Im Falle eines Verbrechens erhalten Sie auf gerichtliche Anordnung gerne ebenfalls eine Abschrift des Testaments.“ Doktor Laumann öffnete eine Schublade und nahm eine Dokumentenmappe heraus. Das Gespräch schien für ihn beendet.

„Aber es besteht ein starker Verdacht, dass wir es hier mit einem Mord zu tun haben“, versuchte Patrick es anders. „Und in diesem Fall ist es sehr wichtig für uns zu erfahren, wer zu den Verdächtigen zählt.“

„Ich kann Ihnen da leider nicht helfen.“

„Wenigstens ein kleiner Hinweis …“

„Hören Sie, wir sind hier nicht auf dem Bazar! Ich bin an die Schweigepflicht gebunden!“ Der Anwalt schlug die Mappe auf. „Aber …“

„Ja?“ Patrick horchte auf.

„Sie könnten mir eventuell einen Gefallen tun." Doktor Laumann hob das oberste Blatt in der Mappe auf.

„Gerne", nickte Patrick eifrig.

„Ich versuche seit gestern, einen gewissen Herrn Arnold Klesinger zu erreichen. Aber er geht einfach nicht an sein Handy."

„Seit gestern?" Patricks Augen leuchteten auf. „Was für ein Zufall."

„Könnte man … ja ... so sagen." Der Anwalt zögerte kurz und schrieb dann etwas von dem Blatt auf einen Notizzettel. „Jedenfalls ist es mir bisher nicht gelungen, ihn anzurufen. Vielleicht könnten Sie liebenswürdigerweise bei seiner Adresse vorbeischauen und ihn bitten, dass er sich bei mir meldet? Es würde mir den Weg ersparen, selbst hinzufahren." Er reichte Patrick den Zettel. „Das hat selbstverständlich nichts mit dem Testament zu tun …"

„Natürlich nicht!" Patrick nahm den Zettel fast feierlich entgegen und bemühte sich dabei, ein ernstes Gesicht zu machen, obwohl er innerlich jubelte.

„Was für ein Fuchs!", freute sich Patrick, kaum dass sie wieder im Auto saßen. „Da fahren wir gleich nachher hin. Aber erst fahren wir ins Büro und erstatten dem Chef Bericht."

„Der wird bestimmt stolz auf dich sein“, lobte Julia. „Das hast du wirklich gut gemacht!“

„Wir hatten Glück.“

„Unsinn, du bist viel zu bescheiden.“

„Das hat nichts mit Bescheidenheit zu tun. Du kennst den Auerbach doch selber!“

„Ja, ja, du hast recht.“ Julia kicherte, dann setzte sie sich in Positur und schraubte ihre Stimme so tief wie möglich: „Ned g’schimpft ist g’lobt g‘nug“, versuchte sie Hauptkommissar Auerbach nachzuahmen. Ihr Bayrisch kam ein wenig holprig rüber. In ihrer Familie hatte man immer darauf bestanden, hochdeutsch zu reden, weshalb ihr der Dialekt nicht wirklich vertraut war. Aber diesen Spruch, für den ihr Chef berühmt war, verstand sie nur zu gut.

Tatsächlich aber kam Auerbach, als die beiden ihm von ihren Ergebnissen erzählten, fast so etwas Ähnliches wie ein Lob über die Lippen: „Ihr habt’s mitdenkt. Des is recht. Bloß leider ganz umasunst. Der Doktor Klose hat g’rad eben ang’rufen. Die Russe ist ganz natürlich g’storben. Er sagt, so wie ihr Herz ausschaut, wundert er sich, dass des überhaupt so lang g’halten hat.“

„Dann können wir das Ganze also zu den Akten legen?“

„Schaugt ganz danach aus.“ Auerbach zog die Augenbrauen zusammen, als er Julias enttäuschtes Gesicht sah. „Immerhin war’s a guade Übung“, versuchte er linkisch zu trösten. „Und jetzt woaß i, dass i Sie aa amoi mit’m Patrick nausschicken kann.“

„Na, das ist doch auch schon was“, sagte Patrick auf dem Weg zurück in ihr Büro und klopfte ihr aufmunternd auf die Schulter. „Es wird nicht lange dauern, dann schickt er dich alleine los.“

„Wenn er lang genug da ist ...“

„Wieso?“

„Es gibt Gerüchte, dass er bald in Ruhestand geht.“ Julia verzog den Mund. „Zu dir hat er noch nichts dergleichen gesagt?“

„Nein! Davon höre ich zum ersten Mal.“

„Vielleicht ist ja auch gar nichts dran.“

„Wer weiß? Der bringt es fertig, erst am Ende seines letzten Tages bekannt zu geben, dass er in Pension geht, nur damit er einer Abschiedsfeier auskommt.“

Tagebuch: Dienstag, 23. April

Die Alte ist also tot. Eigentlich schade. Ich hatte mich schon darauf gefreut, auch dieses Problem eigenhändig aus der Welt zu schaffen. Ich hatte mir schon genau überlegt, wie ich es anstellen könnte. Es gibt da ja wahnsinnig viele Möglichkeiten, wenn man erst einmal anfängt, darüber nachzudenken. Erst habe ich ja an Gift gedacht. Aber das ist leider nur schwer zu bekommen. Wenn man länger überlegt, kommt man aber schnell auf eine Menge anderer Möglichkeiten. Genaugenommen ist man ja praktisch von Mordwaffen umgeben! Stichwaffen, schwere Gegenstände oder einfach ein Stück Schnur oder Draht! Und all die Möglichkeiten mit einer Plastiktüte oder auch nur einem Kissen. Wunderbar. Der Phantasie sind da praktisch überhaupt keine Grenzen gesetzt. Ich hatte ja so etwas wie einen Sturz von der Treppe im Auge. Nach außen einfach der Unfall einer tattrigen Alten. Niemand hätte jemals etwas anderes angenommen. Doch das hat sich ja nun erledigt.

Was mir allerdings allmählich wirklich Sorgen macht, ist die Tatsache, dass mein erstes Opfer immer noch nicht gefunden wurde. Das kann doch gar nicht sein! Hatte dieser Mann denn überhaupt keine Freunde? Gut, so stur, wie er sich gab, ist es natürlich möglich, dass er alle um sich herum verprellt hat. Dieser Idiot. Ich wollte doch wirklich nur vernünftig mit ihm reden. Er könnte noch leben, wenn er nur ein wenig verständnisvoller gewesen wäre.

Aber wie auch immer, in diesem Fall kann ich nichts weiter tun, als zu warten. Irgendwann wird man ihn schon finden. Nun, das Warten wird mir versüßt durch die Pläne, die ich noch habe. Denn es gibt immer noch ein Hindernis, das es zu beseitigen gilt. Hier ist Beharrlichkeit gefragt, aber das macht nichts. Mich in Geduld zu üben, ist eine meiner einfachsten Übungen.

Mittwoch, 24. April 2019

01

Annamirl schlief in dieser Nacht ausgesprochen schlecht. Wirre Träume ließen sie immer wieder aufschrecken. Da war die alte Frau vom See vorgekommen, die, ein irres Grinsen im Gesicht, mit einer Axt eine jämmerlich schreiende Katze verfolgt hatte. Und dann war da ein Igel gewesen, der sich hinter einem Eichhörnchen versteckte, als ihn die Alte auf den Grill legen wollte, während aus dem Nachbargarten riesige Schlingpflanzen angekrochen kamen, um alles zu überwuchern. Schließlich gab Annamirl auf und stieg aus dem Bett. Odin und Loki schliefen noch selig und ließen sich auch nicht stören, als ihr Frauchen an ihnen vorbei in die Küche schlurfte.

„Besonders gute Wachhunde seid ihr ja nicht gerade“, murmelte Annamirl und schaltete die Kaffeemaschine an. Dann stellte sie sich an die Balkontür und schaute in den Garten. Jetzt nach der Umstellung auf die Sommerzeit war es immer noch dämmrig. Obwohl es schon einen Monat her war, steckte Annamirl diese Umstellung immer noch in den Knochen.

Du wirst wirklich langsam alt, sagte sie sich mit einem Seufzen, erst kommst du mit Umstellungen schlecht zurecht und jetzt fängst du auch noch an, schlecht zu schlafen.

Aber immerhin war schon der erste helle Streifen am Horizont zu erkennen, und die Vögel stimmten ihr Morgenkonzert an. In dem Kirschbaum in der einen Ecke des Gartens hatte ein Elsternpaar zwischen den Blüten ein Nest gebaut. Schön war dieses Nest nicht gerade, eher ein wild zusammengeworfener Haufen von Zweigen. Am Anfang hatte Annamirl bei jedem Windstoß erwartet, dass alles wieder auseinanderfiel. Aber es schien zu halten, und inzwischen saß das Weibchen darauf und brütete. Oder brüteten bei den Elstern auch die Männer? Annamirl nahm sich vor, das mal zu recherchieren. Sie mochte die schwarzweißen Vögel, auch wenn man ihr heiseres ‚Schäck-schäck-schäck', mit dem sie ihr Revier verteidigten, nicht unbedingt als Gesang bezeichnen konnte. Vielleicht taten sie ihr aber auch nur ein wenig leid, weil man ihnen unterstellte, alles zu klauen, was glitzerte. Annamirl hatte extra einen kleinen Taschenspiegel auf dem Gartentisch liegen lassen, wo er einladend in der Sonne glitzerte. Der hatte die Elstern nicht die Bohne interessiert. Dafür hatte Loki es geschafft, sich das Ding zu schnappen, und Annamirl hatte ihn gerade noch rechtzeitig erwischt, bevor er den Spiegel einbuddeln konnte.

Annamirl öffnete die Glastür und trat auf die Terrasse. Da bemerkte sie ihre Mieterin Sandra Schmidt, die gerade auf dem Weg zum Bus um die Ecke kam.

„Guten Morgen, Sandra“, begrüßte Annamirl sie erst fröhlich und winkte. Doch dann stutzte sie: „Meine Güte! Was ist dir denn passiert? Hast du geweint?“

„Ich? Nein, nein.“ Sandra schlug die Augen nieder. Ihre Lider waren geschwollen, und sie war auffällig rot um die Nase.

„Doch, das hast du.“ Annamirl ließ sich nicht täuschen. „Komm rein, trink einen Kaffee mit mir und erzähl mir alles.“

„Ich muss zum Bus ...“

„Unsinn. Ich fahr dich nachher ins Büro. Na, komm, Kind. Was hast du denn auf dem Herzen? Sprich es aus, und dann geht‘s dir besser. Du wirst sehen ...“

Sandra zögerte. Doch dann folgte sie Annamirl in die Küche. Die stellte einen Becher Kaffee vor sie hin und einen Teller mit Schokoladenkeksen. Dann setzte sie sich mit ihrem eigenen Becher dazu. Sie musste nicht lange warten:

„Patrick geht mit Julia aus!“, schniefte Sandra, und ihre Augen wurden wieder feucht. „Das ist die Kollegin, mit der er sein Büro teilt. Gestern Abend hat er mir erzählt, dass sie morgen Essen gehen. Er sagte das so ganz nebenbei, als würde mich das gar nichts angehen!“

„Na, na, das ist bestimmt ganz harmlos", versuchte Annamirl zu trösten. „Wahrscheinlich steht schon fest, dass es bei Ihnen spät werden wird wegen dem Mordfall ..."

„Von wegen Mordfall!" Sandra schnaubte. „Die alte Frau ist einfach so gestorben. Sekundentod nennt man sowas. Kammerflimmern, Herzrhythmusstörung, was weiß ich. Jedenfalls nix mit Mord."

„Ach?" Annamirl musste zugeben, dass sie beinahe ein wenig enttäuscht war. „Aber trotzdem …" Sie schob den Mord, der keiner war, erst einmal beiseite und tätschelte Sandras Hand. „Es ist doch nichts dabei, wenn die beiden mal was essen gehen. Patrick hätte es doch sicher gar nicht erst erwähnt, wenn er Hintergedanken hätte."

„In all den Jahren haben sie das noch nie gemacht! Auf dem Revier war allgemein bekannt, dass Patrick auf Julia abfuhr. Ein paar Kollegen hatten sich sogar schon darüber lustig gemacht. Er hat ihr immer Frühstück mitgebracht und war immer besonders nett zu ihr. Aber sie hat immer so getan, als würde sie das gar nicht merken."

„Aber dann hat er dich kennengelernt."

„Ja, nachdem ich ihn wochenlang angehimmelt hab, ohne dass er es merkte."

„Nun, er hat es gemerkt und dich Julia vorgezogen."

„Oder ich war der Notnagel, weil mit Julia nichts ging."

„Jetzt tust du ihm aber schwer Unrecht!"

„Ich weiß nicht." Sandra zuckte mit den Schultern und nahm einen großen Schluck Kaffee.

„Hat Patrick nicht gesagt, warum er die Kollegin eingeladen hat?", forschte Annamirl weiter.

„Hat er gar nicht. Sie hat ihn eingeladen. Und er hat zugesagt!"

„Und sich garantiert nichts dabei gedacht." Annamirl lächelte aufmunternd. „Du kennst doch Patrick. Er ist ein lieber Kerl und eine Seele von Mensch. Er käme nie auf den Gedanken, dass seine Kollegin Hintergedanken hat. Hat sie ja wahrscheinlich auch gar nicht."

„Du meinst, ich steigere mich da in was rein? Na ja, vielleicht." Nun stahl sich auch auf Sandras Lippen ein kleines Lächeln. „Ich glaube jedenfalls wirklich nicht, dass Patrick hinter Julia her ist. Nur, angeblich ist die gerade wieder solo und vielleicht ist ihr ja inzwischen aufgefallen, wie toll Patrick ist."

„Aber Patrick liebt dich doch!"

„Also, er hat mir nie gesagt, dass er mich liebt. Noch nicht mal, dass er mich gern hat." Sandras Miene verdüsterte sich.

„Ach, Männer!" Annamirl hatte die Erfahrung gemacht, dass viele Männer gar nicht auf die Idee kamen, eine Liebeserklärung zu machen. Ihr verstorbener

Mann Norbert war da eine ruhmreiche Ausnahme gewesen. „Was hat er denn gesagt, als du ihn darauf angesprochen hast?"

„Das habe ich nicht gemacht. Er soll doch nicht denken, dass ich eifersüchtig bin!"

Oje, das versprach, kompliziert zu werden.

„Vielleicht sollten wir das Essen heute Abend bei dir ausfallen lassen …" Sandra vermied es, Annamirl anzusehen. „Ich glaube, ich möchte lieber alleine sein."

„Na hör mal. Ich hab doch schon eingekauft!" Annamirl war eine begeisterte Köchin. Sie kochte gerne auch nur für sich selbst, aber so ein richtig schönes Drei-Gänge-Menü brauchte einfach auch Gäste, die es zu würdigen wussten. Normalerweise bekochte sie hin und wieder Freunde und einmal im Monat ihren Sohn samt Familie. Doch die waren gerade über Ostern bei den Schwiegereltern in Hamburg, und da hatte Annamirl kurzentschlossen Sandra und Patrick auf ein verspätetes Osteressen eingeladen.

„Außerdem, mal ehrlich", fuhr sie jetzt fort, „du hast Patrick nichts von deinen Befürchtungen gesagt. Er würde also überhaupt nicht verstehen, warum du ihn so plötzlich nicht mehr sehen willst."

„Das sollte er ja eigentlich im Gefühl haben!"

„Nein, sollte er nicht. Wenn du willst, dass er etwas merkt, wirst du es ihm schon sagen müssen. Männer sind so!"

Sandra schaute Annamirl zweifelnd an. Sie war fest davon überzeugt, dass die ehemalige Lehrerin da Unsinn redete. Trotzdem war es vielleicht wirklich besser, so zu tun, als sei nichts gewesen.

Annamirl betrachtete sie eine Weile. Als sie merkte, wie Sandra den Kopf hob und das Kinn entschlossen nach vorne schob, nickte sie.

„Gut, dann bleibt es bei heute Abend", stellte sie fest. „So, und nun trink deinen Kaffee aus, und ich fahre dich zur Arbeit. Aber vorher empfehle ich dir noch ein wenig Fettcreme für die Augenlider. Dann schwellen sie nicht so an, und du siehst nicht so verheult aus. Im Bad steht eine Tube."

02

„Wieso willst du denn jetzt überhaupt noch zu diesem Klesinger fahren?“, staunte Julia. „Der Fall ist doch abgeschlossen, beziehungsweise war es ja eigentlich nie ein Fall.“

„Das stimmt schon“, gab Patrick zu. „Aber ich hab’s dem Laumann versprochen. Dauert ja auch nicht lange. Der Klesinger wohnt praktisch um die Ecke. Ich fahr nur mal schnell vorbei.“

Ehe Julia noch etwas sagen konnte, war Patrick auch schon aus dem Zimmer. Die Tüte mit den Croissants ließ er liegen – mit Absicht. Er wollte wissen, ob Julia immer noch nur eines davon aß. Wenn ja, sagte er sich, sollte er sich vielleicht Sorgen machen. Dann war Julia entweder krank oder wollte unbedingt abnehmen. Irgendwo in einem Magazin beim Zahnarzt hatte er mal gelesen, dass selbst Frauen mit perfekter Figur sich einreden konnten, sie seien zu dick, und dann anfingen zu hungern. Das war bestimmt nicht gesund.

Wenig später stand Patrick vor einem schmucklosen Wohnblock und drückte die Klingel mit dem Schildchen ‚Klesinger‘. Er wartete. Keine Antwort. Gerade als er noch einmal klingeln wollte, fiel sein Blick auf ein Fenster rechts von der Tür im Erdgeschoss. Das Fenster war gekippt. Nun, das war ja nichts Besonderes im Sommer. Aber Patrick bemerkte, dass einige Fliegen durch das Fenster aus- und einflogen. Irgendetwas da drin zog sie unwiderstehlich an.

Prüfend schaute Patrick noch einmal auf das Klingelschild und dann abschätzend auf das Fenster. Wenn ihn nicht alles täuschte, musste das Fenster zur Wohnung dieses Klesingers gehören. Hatte der es aufgelassen, als er die Wohnung verließ? Wie vergesslich konnte man sein? Das war ja praktisch eine Einladung für jeden Einbrecher. Patrick konnte nicht sagen, warum, aber die Fliegen machten ihn irgendwie unruhig. Er trat vor das Fenster, aber es war selbst auf Zehenspitzen zu hoch, um hinein zu sehen. Suchend schaute er sich um, und sein Blick fiel auf eine blaue Papiertonne, die abholbereit am Straßenrand stand. Kurzentschlossen rollte er die Tonne unter das Fenster und stieg hinauf und wimmelte die aufgescheuchten Fliegen ab. Er beugte sich vor, bis seine Nasenspitze beinahe die Scheibe berührte, und schirmte das Gesicht mit beiden Händen ab. Allmählich konnte er erkennen, dass er in die Küche blickte. Da war ein Tisch mit einem Tischtuch, das aber nur den halben Tisch bedeckte. Ziemlich schlampig hing es nach hinten, während die Tischplatte vorne unbedeckt war. Und dahinter …

Patrick richtete sich auf und fuhr sich mit der Hand über die Stirn. Dann zückte er sein Handy und rief Auerbach an. Zwei Beine waren hinter dem Tisch zu sehen, wahrscheinlich die von diesem Klesinger, den die Fliegen schon einige Tage heimsuchten. Und jetzt roch er auch etwas ...

03

Annamirl war froh, dass Sandra auf dem Weg nach Fürstenfeldbruck kaum etwas sagte. Sie hatte ihren eigenen kleinen Kampf auszufechten – Teufelchen gegen Engelchen, nannte sie solche Gewissenskonflikte. Ihr Teufelchen beharrte darauf, dass sie sich Patrick zur Brust nehmen sollte. Zumindest sollte sie ihn heftig schütteln und ihm auf den Kopf zu sagen, dass er ein Idiot war. Das Engelchen hielt dagegen, dass es Annamirl einen Dreck anging – auch Engel können sich drastisch ausdrücken –, was Sandra und Patrick machten. In fremde Beziehungen durfte man sich nicht einmischen, schon gar nicht ungefragt.

Natürlich hatte der Engel recht. Aber Annamirl musste sich eingestehen, dass sie es unendlich schade fände, wenn diese schöne Romanze zwischen Sandra und Patrick wegen eines Missverständnisses in die Brüche gehen würde. Denn bestimmt war es ein Missverständnis. Patrick war ein lieber Kerl und intelligent dazu, das wusste Annamirl noch aus seiner Schulzeit. Aber schon damals hatte er nicht mitbekommen, wenn ein Mädchen sich für ihn interessierte und seinerseits immer die falschen angehimmelt.

Auf der Rückfahrt wusste sie immer noch nicht, wofür sie sich entscheiden sollte. Vielleicht sollte sie es einfach laufen lassen und sehen, wie sich der Abend entwickelte, wenn die beiden zum Essen bei ihr waren.

Über all dem Grübeln war Annamirl auf der Vierundsiebzig ein wenig langsamer gefahren als die erlaubten hundert Stundenkilometer. Jetzt fiel es ihr auf und sie beschleunigte. Sie befand sich gerade in einem Abschnitt mit zweiter Spur, und ein schwarzer SUV setzte an, sie zu überholen. Jetzt hupte er ungehalten, beschleunigte noch mehr und zog schließlich doch an ihr vorbei, um kurz vor Ende der zweiten Spur wieder einzuschwenken – so knapp, dass Annamirl fest auf die Bremse steigen musste. Zum Glück hatte ihr kleiner goldgelber Japaner gute Bremsen. Ja, auf die ‚Gelbe Gefahr', wie sie ihn gerne nannte, war eben Verlass.

„Also wirklich, dieser Vollidiot!", schimpfte Annamirl. Wenn sie allein im Auto saß, ließ sie ihren Gefühlen gerne freien Lauf. Doch dann zuckte sie die Achseln. Es war ja alles gut gegangen, wozu sich also aufregen? Sie sollte sich lieber Gedanken zu dem Essen am Abend machen. Nach einer leichten Suppe mit Grießklößchen sollte es einen Schweinerollbraten geben. Der lag bereits in einer Marinade aus Senf und Wein. Und als Nachtisch Erdbeersorbet.

Leider war es noch zu früh im Jahr, um die Erdbeeren selber zu ernten. Das Beerenfeld in der Rothschwaige machte erst im Mai auf. Aber die gekauften waren immerhin aus dem Bioladen und schmeckten schon richtig gut. Annamirl hatte sie bereits gewaschen, geviertelt und in einem Gefrierbeutel nebeneinanderliegend und flach gedrückt eingefroren. Die mussten abends nur noch antauen, dann würde sie sie mit Holunderblütensirup und etwas Puderzucker mischen und pürieren. Das ging schnell und war ausgesprochen lecker.

Annamirl ging im Geiste noch einmal die Zutatenliste für alle Gerichte durch. Ja, alles da. Dann konnte sie sich mit den Hunden ja einen gemütlichen Tag machen.

„Ich muss unbedingt Monika anrufen, sobald ich daheim bin," nahm sich Annamirl vor. „Sie ist bestimmt enttäuscht, dass sie nun so gar nicht ihrer Lieblingsdetektivin Jane Marple nacheifern kann." Und Annamirl musste zugeben, dass Monika nicht die einzige Enttäuschte war. Auch sie selbst hatte bereits eifrig Theorien aufgestellt und wieder verworfen. Vor allem hatte sie sich den Kopf zerbrochen, wie sie herausfinden konnte, wer der geheimnisvolle junge Mann war, der Afra Russe am Ende ihres Lebens so umgarnt hatte.

04

„Kommen S‘ sofort da runter, oder ich ruf die Polizei!“

Patrick schreckte auf und wäre fast von der Tonne gerutscht.

Am Hauseingang stand ein alter Mann mit erbost zusammengezogenen Augenbrauen, den Gehstock drohend erhoben.

„Nicht nötig, ich bin von der Polizei.“ Patrick riss sich zusammen und schenkte dem Mann ein Lächeln. Diesen Satz hatte er schon immer mal sagen wollen. Er sprang von der Tonne und zückte seinen Ausweis, den er dem alten Mann hinhielt. „Aber gut, dass Sie so aufpassen.“

Der Angesprochene begutachtete den Ausweis so misstrauisch wie ausgiebig.

„Hm. Scheint echt zu sein“, grummelte er schließlich enttäuscht. „Na ja, nix für ungut.“

„Ich bitte Sie. Sie waren völlig im Recht, und man kann nie vorsichtig genug sein“, versicherte Patrick. „Wohnen Sie hier?“

„Ja, ich wohn’ im ersten Stock. Haber mein Name, Alfred Haber.“

„Dann können Sie mir doch sicher sagen, wem die Erdgeschosswohnung hier gehört.“ Patrick machte eine vage Handbewegung in Richtung des gekippten Fensters.

„Freilich. Da wohnt der Klesinger. Is eahm ebbs passiert?“

„Das weiß ich noch nicht.“ Patrick hoffte, dass Herr Haber nicht zu sehr nachbohren würde. „Kennen Sie den Herrn Klesinger gut?“, wollte er deshalb gleich wissen.

„Naa, guad bestimmt ned. Der ist a Hallodri. Mit dem will i nixen zum doa hab‘n.“

„Ein Hallodri?“

„Arbeitslos. Mei, dafür kann er vielleicht nixen. Aber aa sonst … hat meiner Frau schee ins G‘sicht do, wollt aber bloß a Geld von ihr. Fünfhundert Euro hat eahm des dumme Weiberts geb‘n. Des sind tausend Mark! Des is a Menge Geld. Und als ich‘s wiederhab‘n wollt, hat er g‘sagt, er hätt’ nix kriagt. So einer ist das.“

„Verstehe.“

„Hat er was ang‘stellt? Woll‘n S‘ eahm verhaften?“

„Nein, ich wollte nur mit ihm sprechen.“

„Ist wahrscheinlich irgendwo unterwegs. Der ist oft tagelang weg.“

„Hat irgend jemand einen Zweitschlüssel? So zum Blumengießen und Briefkasten ausleeren, wenn Herr Klesinger nicht da ist?“

„Nicht dass ich wüsst’“, schüttelte Haber jedoch den Kopf. „Der Novak im dritten Stock könnt’ vielleicht einen haben. Mit dem ist der Klesinger recht dick. Ja, der Mirko Novak hat bestimmt einen. Aber der war jetzt auch die ganze Zeit über ned da. Zumindest hab ich sein Auto nicht steh'n seh'n. Heut früh ist's aber wieder da g'standen, also muss er wohl z'rück sein. Vielleicht sind die zwoa miteinander in Urlaub g'wesen."

Das glaubte Patrick eher weniger. Aber egal. Jetzt würde er erst einmal zu diesem Novak gehen.

Er verabschiedete sich also von Herrn Haber und stieg in den dritten Stock hinauf. Er klingelte und wartete. Niemand öffnete die Tür. Aber er war sich sicher, drinnen eine Bewegung gehört zu haben. Also klingelte er noch einmal. Schließlich wurde die Tür einen Spalt geöffnet.

„Wer sind Sie?", fragte eine Stimme misstrauisch.

„Ich bin Patrick Scholl, Kripo Fürstenfeldbruck", stellte Patrick sich vor, und hielt seinen Ausweis vor den Spalt in der Tür.

Es dauerte einen Moment, dann wurde die Tür ganz geöffnet. Vor ihm stand ein Mann mit schwarzen Locken, die ihm wild um den Kopf standen. Er war nur mit einer Jogginghose bekleidet und sah ziemlich verschlafen aus.

„Herr Mirko Novak?", fragte Patrick. „Es tut mir leid, dass ich Sie störe. Aber ich habe gehört, dass Sie möglicherweise einen Schlüssel zur Wohnung von Herrn Arnold Klesinger haben."

„Stimmt. Und?“

„Würden Sie ihn mir bitte geben? Ich müsste dringend hinein. Womöglich liegt eine Notfallsituation vor.“

„Ein Notfall? Ist was mit Arnie?“

„Das kann ich noch nicht sagen. Aber wenn Sie mir bitte den Schlüssel geben würden …“

„Ich komm runter und sperre Ihnen auf.“ Novak griff nach etwas hinter der Tür und eilte dann auch schon an Patrick vorbei die Treppe hinunter.

Kaum hatte er die Tür von Klesingers Wohnung aufgesperrt, wollte er auch schon hinein, doch Patrick hielt ihn zurück.

„Bitte nicht“, sagte er eindringlich und hielt Novak weiter am Arm fest, obwohl der ihn abschütteln wollte. „Lassen Sie erst uns unsere Arbeit machen.“

„Arnie ist was passiert, oder?“ Novak schaute Patrick anklagend an, so als trüge der die Schuld an allem.

Patrick überlegte, was er dazu sagen sollte, wurde aber der Antwort enthoben, denn die Ambulanz traf ein, die Auerbach gerufen hatte. Meine Güte, die waren dieses Mal aber wirklich schnell! Und gleich danach kamen auch zwei Kollegen in Uniform.

„Bitte, Herr Novak. Sie würden uns allen helfen, wenn Sie jetzt erst einmal wieder in ihre Wohnung gehen“, drängte Patrick den jungen Mann also nur. „Sobald ich Genaueres weiß, informiere ich Sie.“

Novak sah aus, als wollte er heftig protestieren. Doch dann ließ er plötzlich den Kopf hängen und zuckte mit den Schultern.

„Okay“, sagte er nur, drehte sich um und stieg wieder die Treppe hinauf.

Patrick schaute ihm nach. Da bemerkte er Herrn Haber, der immer noch herumstand. Das konnte der sich auf keinen Fall entgehen lassen.

Da er nicht allzu sehr im Weg stand, beschloss Patrick, ihn erst einmal zu ignorieren.

Zwei Rettungsdienstler kamen, nickten Patrick zu, gingen an ihm vorbei in die Wohnung und kamen gleich wieder heraus.

„Da ist nichts mehr zu machen“, stellte einer fest. „Das ist ein Fall für euch.“

„Ui, da ist was faul“, scherzte Doktor Klose, kaum dass er eingetroffen war, und rieb sich die Hände. „Schätze, da liegt schon etwas länger jemand rum.“

Er schlüpfte in seinen Overall, ging aber noch nicht hinein, denn jetzt gehörte der Ort erst einmal der Spurensicherung, und die wurden immer sehr ungehalten, wenn man an ihrem Tatort herumtrampelte.

„Wie wär's, ich hab Brezen mitgebracht, um uns die Wartezeit ein wenig zu verkürzen.“ Doktor Klose hielt Patrick eine Tüte hin. „Die sind ganz frisch.“

„Danke!“ Patrick holte eine von zwei Brezen heraus und brach ein Stück ab, das er sich in den Mund steckte. Er war ein wenig verwundert. Auerbach verdrehte immer die Augen, wenn er feststellen musste, dass Klose der zuständige Arzt war. Überhaupt galt Doktor Klose als unwirsch, ja sogar bärbeißig. Dass er so nett war und sein Frühstück mit ihm teilte, hätte Patrick nie erwartet. Aber egal, Patrick hatte Hunger, und die Breze war lecker.

Nach einer gefühlten Ewigkeit zogen die Kollegen der SpuSi wieder ab. Die Blutspritzer waren kartiert und aufgezeichnet, alles Bemerkenswerte war eingetütet und markiert worden und nun unterwegs in ein klinisch reines Labor, um durchgegangen, untersucht und interpretiert zu werden. Zahlreiche Fotos waren geschossen worden.

„Den Blutspritzern nach ist er erschlagen worden. Ein Schlag von hinten, der die Schädeldecke eindrückte. Er fiel nach vorn, versuchte noch, sich wieder aufzurichten, und starb dann. Wir haben einen Pokal mit einem Marmorfuß gefunden, an dem Blut klebt. Aber ansonsten blank poliert. Vielleicht die Tatwaffe.“ Der Kollege von der technischen Abteilung, der Patrick das anvertraute, zuckte die Schultern. „Das ist natürlich nur so meine persönliche Vermutung. Genaueres nach den Auswertungen im Labor. Immerhin haben wir einen Führerschein gefunden. Danach scheint der Tote ein

Arnold Klesinger zu sein." Er grinste Patrick schief an und folgte dann seinen Kollegen.

Doktor Klose hatte sich inzwischen daran gemacht, den Toten zu untersuchen. Patrick folgte dem Forensiker neugierig zu der Leiche – und bereute beinahe augenblicklich, etwas gegessen zu haben.

Auf dem Boden lag ein Mann mit dem Gesicht nach unten und einem großen schwarzroten Fleck um den Kopf. Der halbe Hinterkopf war tief eingedrückt und schwarz verkrustet. Und es wimmelte nur so vor Insekten und anderen Viechern.

„Schmeißfliegen", erklärte Doktor Klose vergnügt. „Das sind die ersten, die eine Leiche bevölkern. Sie verfügen über einen so hervorragenden Geruchssinn, dass sie schon Minuten nach dem Tod ihre Eier auf dem Kadaver ablegen können. Da, schau'n Sie mal …" Er deutete auf eine Stelle am Kopf, an der dicht an dicht kleine weiße Punkte zu sehen waren, die sich bewegten. „Das sind Maden. Die atmen mit dem Hinterleib, wussten Sie das? Weil sie ja kopfüber im Fleisch stecken …"

Patrick schluckte und stürzte dann aus der Wohnung. Fast wäre er mit Auerbach zusammengestoßen, der gerade zur Haustür hereinkam. Kaum im Freien sank Patrick auf die Knie und übergab sich.

„Ich bin kein Experte auf dem Gebiet", erklärte Doktor Klose später, als die Leiche abtransportiert wurde und er sich wieder aus seinem Overall schälte. „Die forensische Entomologie ist eher so ein Hobby von mir. Ich werde also meinen Freund und Kollegen Doktor Abenroth hinzuziehen. Der kann Ihnen anhand der Art und der Größe der Maden ganz genau sagen, wie lange der Mann schon tot ist. Ich schätze, so zwei Wochen oder mehr werden es schon sein. Gestorben ist er wohl an einem Schlag auf den Hinterkopf. Aber das kann ich natürlich erst mit Sicherheit wissen, wenn ich ihn obduziert habe."

„Aber hätten die Nachbarn da nicht was riechen müssen?", fragte Auerbach.

„Nicht unbedingt. Das Fenster war gekippt, und ich nehme an, die Tür schloss auch nicht gerade dicht. Tun die Türen in Mietshäusern ja selten. Es gab also immer einen leichten Luftstrom. Anscheinend hat ihn auch niemand vermisst. Wenn Ihr junger Kollegen hier …", er deutete auf Patrick, „nicht so aufmerksam gewesen wäre, hätte er noch ewig da rumliegen können."

Auerbach schien das Lob nicht sonderlich zu beeindrucken. Immerhin erwähnte er in einem seltenen Anfall von Taktgefühl mit keinem Wort Patricks Übelkeit. Und der, noch ein wenig grün um die Nase, aber sonst gefasst, war ihm dankbar dafür.

Klose dagegen grinste ihn ein wenig spöttisch an, und Patrick kam der Gedanke, dass der Forensiker ihm die Breze nicht ohne Hintergedanken angeboten hatte.

Nun, wenigstens habe ich es noch ins Freie geschafft, versuchte sich Patrick zu trösten. Nicht auszudenken, wie Klose reagiert hätte, wenn er sich über die Leiche erbrochen hätte.

„Dann ist er ja vermutlich schon länger tot als Frau Russe“, meinte Auerbach nachdenklich.

„Wie gesagt, ich bin kein Experte.“ Klose zuckte mit den Schultern. „Aber das kann gut sein. Ist sogar sehr wahrscheinlich, wenn Sie mich fragen.“

„Weshalb ihn wohl kaum jemand umgebracht hat, damit er sein Erbe nicht antreten kann“, überlegte Patrick.

„Möglich wär's schon“, widersprach Auerbach. „Der Neffe könnt' ihn um'bracht haben, um wieder der Haupterbe zu werden. Und dann g'mütlich warten, bis die Tante von allein den Löffel ab'geben hätt'.“

Das leuchtete Patrick ein.

„Aber ‘s könnt natürlich auch ganz wer anders g'wesen sein“, fuhr Auerbach fort. „Wir werd'n den Neffen unter d' Lupen nehmen, aber auch schau'n, wen der Klesinger sonst noch kennt hat.“

Er nickte Patrick gewichtig zu, der das als Aufforderung ansah, sich um all das zu kümmern. Mit einem kleinen Seufzer erwiderte er das Nicken. Er schaute sich um. Die SpuSi war mit der Wohnung fertig. Zeit, sich genauer umzusehen. Patrick war neugierig darauf, wie Arnold Klesinger gewohnt hatte. Außerdem fanden sich vielleicht Hinweise auf seinen Bekanntenkreis. Klesingers Computer hatten die Kollegen mitgenommen, aber vielleicht gab es ja Fotos, Postkarten oder Briefe, die weiterhelfen konnten.

Aber erst einmal zog er sich Handschuhe über und öffnete das Fenster ganz, um die Fliegen zu verscheuchen, die immer noch herum schwirrten. Er machte einen Bogen um die Stelle, an der Klesinger gelegen hatte, und schaute sich um.

Die Küche war zweckmäßig eingerichtet, aber nicht unbedingt schön. Aber welche Küche war das schon? Er hatte Kochen, Backen oder was man sonst so in Küchen machte, nie viel abgewinnen können. Diese Küche hier war jedenfalls eine L-förmige Küchenzeile in hellem Grau mit Herd, Mikrowelle, Geschirrspüler, Spülbecken, das Übliche eben. Davor stand der Esstisch, den Patrick vom Fenster aus gesehen hatte. Das Tischtuch hatte Klesinger wohl im Fallen mit sich gerissen. Zu fehlen schien nichts. Die Schubläden und Schränke waren alle geschlossen. Kein Hinweis darauf, dass sie durchsucht worden wären. Auf einem Regalbrett neben der Tür stand eine Reihe von Pokalen, und mittendrin klaffte eine Lücke. Das war kaum verwunderlich. Schließlich hatte die SpuSi einen Pokal als mögliche Tatwaffe eingesackt. Patrick schaute sich die Pokale näher an, ohne sie zu berühren. Alles Radfahren: ein zweiter Platz da, ein erster Platz hier. Der Kerl war eindeutig gerne Rad gefahren. Ein zweiter Platz in der bayerischen Ausscheidung im – Patrick schaute genauer hin – Wasserski? In Bayern gab es einen Wasserskiwettbewerb? Das war Patrick neu. Die meisten der Preise lagen schon einige Jahre zurück. Nur dieser letzte war vom vorletzten Jahr. Kopfschüttelnd wandte sich Patrick ab.

Der Küche gegenüber fand sich das Wohnzimmer. Patrick schaute sich verblüfft um. Er hätte nie erwartet, dass ein Mann, der allein lebte, ein so elegantes und geschmackvolles Wohnzimmer hatte. Ein gemütlich aussehendes Sofa in altrosa – zumindest glaubte Patrick, dass man diese Farbe so nannte – Tischchen und Schränkchen, die antik aussahen. Mahagoni vielleicht? Patrick hatte keine Ahnung. Jedenfalls waren sie nicht so wuchtig, wie er das üblicherweise kannte.

„Ah, Jugendstil“, sagte Auerbach.

Patrick drehte sich verdutzt um. Sein Chef war unbemerkt hinter ihm ins Zimmer getreten und sah sich jetzt mit sichtlichem Wohlbehagen um.

„Was denn?“, fragte er, als er Patricks ungläubigen Blick bemerkte. „Meinen S’, ich bin auf der Brennsupp’n daher g’schwommen? Baustile hab i schon immer mög’n. Und von Häusern zu Möbeln is net weit.“ Er ging zu einem Schrankchen, das dem Sofa gegenüber an der Wand stand. „Schaun S’ amoi: Des Schrankerl hat kaum a g’rade Linie, die Beine sand ‘drechselt, die ganze Form is nach vorn g'schwungen. Und überall Blümerl – also ‚florale Motive': Ranken entlang der Schubläden und hier: Des sind Seerosen. Alles ist Leben und Bewegung!"

Patrick trat gehorsam neben Auerbach und betrachtete das Schränkchen.

„Und dazu so a cremefarbene Tapeten … der Klesinger hat schon g'wusst, was schee ist." Auerbach schaute sich weiter um. „Aber g'sucht hat hier keiner was. Außer er hat sich viel Zeit g'lassen und war sehr ordentlich."

„Dann müsste das aber eine ziemlich kaltblütige Person gewesen sein", merkte Patrick an. „Und es passt nicht zusammen. Warum sollte der Mörder den Toten einfach liegen lassen, aber Wert darauf legen, dass das Wohnzimmer unberührt aussieht."

„Gar ned schlecht denkt", nickte Auerbach, und für seine Verhältnisse war das ein großes Lob. „Aber wissen Sie, was wirklich fehlt?"

Patrick schaute sich alarmiert um. Hatte er etwas übersehen?

„Nein", musste er jedoch schließlich zugeben.

„Koane Fotos! A paar Grünpflanzen, kloane Bronzefiguren … aber nix Persönliches."

Natürlich! Das Zimmer sah aus wie aus einem Katalog.

„Das muss er woanders haben. Vielleicht im nächsten Zimmer?“, schlug Patrick vor und öffnete die nächste Tür.

Das Zimmer war größer als das Wohnzimmer und grob in einen Schlaf- und einen Wohnbereich eingeteilt. In der hinteren Ecke standen ein großes Bett und ein Kleiderschrank, davor gab es einen Schreibtisch, eine Kommode und zwei gemütlich aussehende Sessel vor einem riesigen Fernseher. Das sah schon eher nach einem Junggesellen aus, fand Patrick. Abgesehen von einem Foto, das Mirko Novak zeigte und neben dem Bett stand, fand sich aber auch hier wenig Persönliches.

„Mir müss'n rausfinden, wer das ist“, ordnete Auerbach an, nachdem er das Foto betrachtet hatte.

„Das ist Mirko Novak“, erklärte Patrick. „Der wohnt hier im dritten Stock. Er war der mit dem Schlüssel für die Wohnung.“

Einen Moment lang sah Auerbach so aus, als würde er sich beeindruckt zeigen. Doch dann nickte er nur und stellte das Bild wieder an seinen Platz.

Typisch Chef, seufzte Patrick innerlich, achtete aber darauf, dass man ihm nichts anmerkte. Stattdessen sah er sich weiter um.

Eine Wand wurde von einem Regal voller Bücher beherrscht: Deutsche Geschichte, antike Sagen, etwas Philosophie, ein paar Krimis, ein Wörterbuch und, Patrick stutzte, ein Buch über Teddybären und eins über Pferde. Seltsame Mischung.

Auerbach hatte sich inzwischen das Bad vorgenommen.

„Sapperlot, da hat aber einer Wert auf sich g'legt“, hörte Patrick ihn sagen und beeilte sich, ihm nachzukommen.

Auerbach hielt eine halbvolle Flasche eines sehr teuren Rasierwassers in der behandschuhten Hand. Er hatte sie aus einem Spiegelschrank über dem Waschbecken genommen. Neben dem Rasierwasser gab es da auch noch ein Eau de Toilette der gleichen Marke neben mehreren Tuben und Tiegeln mit Cremes, Zahnpasta, Rasierer und einer Packung Kondome. Und dann war da noch eine Schachtel mit der Aufschrift ‚Kaltwachsstreifen für Körper und Beine‘ und darunter etwas kleiner ‚zur Haarentfernung‘.

Das muss wirklich ein eigenartiger Kauz gewesen sein, ging es Patrick durch den Kopf.

05

Annamirl war noch nicht lange wieder daheim, als ihr Telefon klingelte. Ihr Sohn Thomas war dran.

„Wir machen gleich eine Hafenrundfahrt", erzählte er. „Da wollt ich mich vorher nochmal melden. Wer weiß, wie spät es wird, bis wir zurückkommen."

„Das ist nett von dir", freute sich Annamirl. „Wie geht es euch denn so? Laut dem Wetterbericht gestern Abend soll es ja strahlenden Sonnenschein in Hamburg haben."

„Ja, das Wetter ist herrlich. Und die Mädchen haben einen Riesenspaß. Sylvia hat das Bogenschießen für sich entdeckt, als Opa Helmut sie und Bärbel zu einem Schnupperkurs bei seiner Bogenschützen-Gilde mitgenommen hat. Bärbel war allerdings sehr frustriert, als sie wieder heimkamen. Sie hat viel schlechter getroffen als ihre Schwester und verkündet, dass sie Bogenschießen doof findet. Aber als Helmut sie fragte, ob sie nochmal mitkommen will, hat sie sofort ja gesagt. Sowas ist bei Zwölfjährigen aber ganz normal. Zumindest behauptet Lisa das. Und die muss es ja wissen bei all den Elternratgebern, die sie gelesen hat." Thomas lachte. „Es ist wirklich schön hier. Du hättest mitkommen sollen."

„Auf keinen Fall! Ich bilde mir ein, dass ich ein sehr gutes Verhältnis zu meiner Schwiegertochter und deren Eltern habe."

„Ja, Lisa mag dich sehr. Und Anna und Helmut auch."

„Und das soll auch so bleiben. Aber zwei Wochen von morgens bis abends zusammen zu hocken, dürften dem ein schnelles Ende bereiten. Ich habe schon mehr als eine Freundschaft in die Brüche gehen sehen, nur weil man den Urlaub miteinander verbracht hat. Und wenn dann womöglich ein Teil der Großeltern das Gefühl hat, dass die Enkel den anderen Teil lieber haben, artet das ganz schnell in Konkurrenzgerangel aus."

„Ja, wahrscheinlich hast du recht", gab Thomas zu. „Aber reden wir doch mal von dir. Wie geht es dir denn so?"

„Mir geht es gut."

„Und was treibst du so den ganzen Tag?"

„Ich sitze jedenfalls nicht rum und gräme mich, weil mein Sohn nicht da ist." Annamirl lachte auf.

„Kann ich mir auch nicht vorstellen." Thomas stimmte in ihr Lachen ein. „War was Besonderes?"

„Nein, gar nichts. Ich habe nur beim Spazierengehen eine Leiche gefunden."

„Was? Schon wieder?"

„Was heißt hier denn ‚schon wieder'? Nur weil ich letzten Sommer zwei …"

„Und spielst du wieder Detektiv?"

„Aber nein. Die Frau starb ganz natürlich. Plötzlicher Herztod. In dem Alter kann das schon mal vorkommen."

„Na Gottseidank." Annamirl hörte, wie ihr Sohn aufatmete.

„Aber immerhin habe ich damals den Mörder gefunden", merkte sie ein wenig verletzt an.

„Du hattest Glück." Ihr Sohn ließ das Argument nicht gelten. „Noch einmal würde das sicher nicht klappen. Sowas ist gefährlich, Mutter."

Oje. Wenn er sie Mutter nannte, statt wie sonst immer Mutti, dann war es wohl besser, das Thema nicht zu vertiefen.

„Na ja, es gibt ja ohnehin gar nichts zu ermitteln", sagte sie also leichthin, obwohl es sie schon ein wenig wurmte, dass er ihr so wenig zutraute.

„Na, dann ist es ja gut. Die Mädels möchten übrigens auch noch mit dir sprechen ..."

Wenig später berichtete Sylvia ihrer Oma, dass sie immer die Zielscheibe getroffen hatte, und Bärbel klagte, dass ihr Bogen bestimmt kaputt war, weil sie gar nichts getroffen hatte. Annamirl lobte die eine und tröstete die andere.

„Geht es den Eiern gut?", wollte Bärbel dann noch wissen. Nachdem klar war, dass die beiden Mädchen Ostern bei ihren Großeltern in Hamburg feiern würden, hatte Annamirl sie in der Woche davor eingeladen, mit ihr Eier auszublasen und zu bemalen. Die fertigen Eier hatten sie dann an den Haselnussstrauch im Garten gehängt und den Inhalt der Eier zu einem Berg von Pfannkuchen verarbeitet.

„Die Eier hängen alle noch und sehen gut aus", beruhigte Annamirl ihre Enkelin.

„Und hast du die übrigen Pfannkuchen eingefroren?", erkundigte Bärbel sich ganz besorgt.

„Alle in Streifen geschnitten und eingefroren", versicherte Annamirl. Sie wusste ja, Bärbel liebte Pfannkuchenstreifen in Rindfleischsuppe, und so hätte sie nie gewagt, etwas anderes daraus zu machen.

„Oh, gut!" Bärbel war sehr erleichtert.

Und dann war das Gespräch schon bald beendet.

Mit gemischten Gefühlen legte Annamirl auf. Natürlich sollte sie froh sein, dass ihr Sohn sich um sie sorgte, sagte sie sich. Aber dass er sie wie ein kleines Kind behandelte, war lästig. Ob sich wohl alle Mutter-Kind-Beziehungen im Alter so umkehrten? Oder lag es daran, dass Thomas nun selber zwei Töchter hatte und seine Mutter genauso behandelte wie die beiden? Jedenfalls ärgerte es Annamirl jetzt noch ein bisschen mehr, dass es zu Frau Russe nichts zu ermitteln gab. Nur zu gerne hätte sie ihrem Sohn bewiesen, dass sie noch lange nicht so tattrig war, wie er es anzunehmen schien.

Bevor Annamirl weiter darüber nachdenken konnte, wurde sie durch Odin abgelenkt, der, die Hundeleine im Maul, vor ihr Männchen machte.

„Oh ja, du hast recht“, rief sie lachend und kraulte ihn zwischen den Ohren. „Es wird höchste Zeit, dass wir Gassi gehen!“

06

Auerbach versiegelte die Wohnung und fuhr zurück ins Büro. Julia würde jetzt wohl einiges an Arbeit bekommen. Patrick aber blieb zurück, um die Nachbarn zu befragen.

Da war natürlich als erster Mirko Novak. Aber Patrick war ein wenig unbehaglich bei der Aussicht, so aufgebracht wie Novak gewesen war. Deshalb wandte er sich lieber erst an Herrn Haber, der praktischerweise immer noch vor der Tür stand.

„Schon recht", meinte der, „aber gemma zu mir nauf. Des geht koan was an, was i zum sag'n hab'." Er schaute sich um und führte Patrick in seine Wohnung.

Jetzt saß Patrick also im Haberschen Wohnzimmer, das Patrick in seinen Beige- und Brauntönen ein wenig trostlos fand. Aber nun ja, Geschmäcker sind verschieden, sagte er sich. Immerhin passte Herr Haber in seiner hellbraunen Strickweste zu ausgebeulten braunen Cordhosen sehr gut zum Zimmer. Auch Frau Haber, die Patrick gleich Kaffee angeboten hatte, kaum dass er zur Tür hereingekommen war, passte mit ihrer plumpen Figur und den Pastellfarben, die sie trug, ganz gut dazu.

Gerade kam sie mit einer großen Kaffeekanne herein und holte dazu Tassen und Unterteller aus dem Wohnzimmerschrank.

Für Besuch das gute Service, ging es Patrick durch den Kopf. Seine Großmutter hatte es genauso gehalten. Allerdings schien ihm Frau Haber eigentlich noch nicht so alt. Etwas über sechzig vielleicht oder möglicherweise auch schon siebzig. Beschämt gestand Patrick sich ein, dass er ziemlich schlecht darin war, das Alter anderer Menschen einzuschätzen.

„Der Novak, der kann Ihnen bestimmt mehr verrat'n, wie der Klesinger alte Weiber pratzelt hat. So wie meine Alte …" Anklagend deutete Haber mit dem Finger auf seine Frau, die gerade den Kaffee einschenkte. Die zog den Kopf ein und huschte aus dem Zimmer. Anscheinend bekam sie das öfter zu hören.

„Fünfhundert Euro, das sind tausend Mark!", schrie Haber ihr hinterher. „Des bläde Weiberts, des bläde", meinte er dann mehr zu sich selbst und nahm einen Schluck Kaffee.

Patrick überlegte, ob er wohl bald wieder hier sein würde, weil Frau Haber ihren Mann erschlagen hatte. So, wie er sie behandelte, und so heftig, wie sie reagiert hatte, würde es ihn nicht wundern.

„Herr Novak und Herr Klesinger waren also befreundet?", versuchte er das Gespräch in andere Bahnen zu lenken. Die Antwort kannte er ja eigentlich schon, aber auf die Schnelle fiel ihm nichts Besseres ein.

„Des können S' laut sagen", nickte Haber. „Obwohl … genaugenommen war der Novak mit dem Klesinger befreundet. Und der Klesinger hat ihn lassen."

„Wie meinen Sie das?" Patrick konnte mit Habers Formulierung nichts anfangen.

„Also, der Klesinger hat dem Novak 's Tanzen bei'bracht, hat eahm g'sagt, wie er sich anzieh'n soll und solche Sachern. Und der Novak hat's g'macht. Der hat aa sonst alles g'macht, was der Klesinger eahm g'sagt hat."

„Verstehe." Nun nickte Patrick. „Der Klesinger war so etwas wie der Mentor vom Novak."

„I weiß jetzt ned, was Sie mit Mentor meinen, aber er hat ihm halt auf die Sprünge g'holfen."

Sehr viel mehr konnte Herr Haber nicht zu Arnold Klesinger sagen. Und so stieg Patrick noch einmal in den dritten Stock hinauf und hoffte, dass Mirko Novak immer noch zu Hause war.

Dieses Mal wurde die Tür sofort geöffnet.

„Kommen Sie rein." Novak trat zur Seite, um Patrick einzulassen.

Der trat in einen dämmrigen Flur, der in einen Wohn- und Schlafraum mündete. Novak ging an ihm vorbei und zog die Vorhänge auf. Die hereinfallende

Sonne zeigte ein Zimmer mit einem zerwühlten Bett, einem offenen Koffer auf dem Boden, einem Sofa, auf dem sich Kleidung stapelte, und einen Tisch mit einer Brieftasche und einem Schlüsselbund darauf.

„Setzen Sie sich." Novak fegte mit einer heftigen Bewegung die Shirts, Hemden und Hosen vom Sofa. Er selbst setzte sich mit einem Plumps auf das ungemachte Bett.

Er sah nicht gut aus. Sein Gesicht war fahl, und er hatte offensichtlich geweint.

„Sie wissen schon …" begann Patrick, der jetzt ein schlechtes Gewissen bekam, weil er nicht gleich nach dem Fund zu Novak gegangen war.

„Ja, ich weiß Bescheid", antwortete Novak, und es klang resigniert. „Ich war natürlich nervös, nachdem Sie unbedingt in Arnies Wohnung wollten. Und dann klingelt es und mein Nachbar, der Herr Haber, steht vor der Tür, und sagt mir grinsend, dass Arnie tot ist. Ist doch toll, wenn man so mitfühlende Nachbarn hat." Er schluchzte auf und schlug sich dann die Hand vor den Mund. Patrick konnte sehen, dass er mit den Tränen kämpfte. „Was ist denn passiert? Ein Unfall?"

„Wir ermitteln noch. Aber wir müssen wohl von einem Verbrechen ausgehen."

„Wie? Wer?" Novak schüttelte ungläubig den Kopf. „Warum sollte jemand Arnie etwas antun wollen?"

„Das wollen wir herausfinden. Leider muss ich Ihnen deswegen noch ein paar Fragen stellen." Mirko Novak tat Patrick aufrichtig leid. Jetzt fühlte er sich noch etwas schlechter. „Sie waren ja mit Herrn Klesinger befreundet ..."

„Er war mein Freund, mein Lehrer, mein Vorbild." Novak fuhr sich durch die Locken. „Er brachte mir bei, wie man bei den reifen Damen landen konnte."

Einen Moment lang war Patrick sprachlos.

„Sie meinen, das machte er professionell?", hakte er dann nach.

„Von irgendwas muss der Mensch ja leben, oder?" Mirko Novak schaute Patrick abschätzig an. „Arnie hatte ein Händchen für Damen mit Lebenserfahrung. Er hat sie glücklich gemacht, dafür gesorgt, dass sie sich nicht so alt und überflüssig fühlten. Er hat ihnen die Einsamkeit versüßt. Im Grunde hat er damit ein gutes Werk getan!"

„Wofür sie ihn gut bezahlt haben."

„Die Weiber wissen ja schon manchmal gar nicht mehr wohin mit dem Geld! Die meisten haben ihre Männer beerbt und können im Grunde nichts damit anfangen, weil sie nur für ihre Männer da waren und jetzt kein eigenes Leben mit eigenen Wünschen haben." Das klang wie auswendig gelernt. Wahrscheinlich hatte Novak es von Klesinger. „Und Arnie hat sich wirklich alle Mühe gegeben, um sie glücklich zu machen."

„Ach ja?“

„Ja!“

„Wie hat er die Damen denn kennengelernt?“

„Meistens beim Tanzen. Kennen Sie das *Weinzierl*? Nein? Das ist ein Tanzlokal, so im Stile der Sechziger – Plüschambiente, kleine Tischchen rund um die Tanzfläche, ziemlich gute Weinkarte. Was für die älteren Semester. Mit richtiger Tanzmusik – Foxtrott, Walzer, Tango …“ Novak zuckte die Schultern. „Meistens von so Bigbands. Max Greger, James Last und so. Hin und wieder auch so neue Volksmusik wie dieser Gabalier, aber da muss man halt durch. Gute Tanzfläche mit Parkett. Da sitzen haufenweise ältere Damen der gehobenen Klasse und warten darauf, dass man sie zum Tanzen auffordert.“

„Und danach abschleppt.“

„Nein, so ist das nicht!“ Novak warf die Hände in die Luft. „Sie kapieren's einfach nicht, oder? Die Ladys wollen nicht abgeschleppt werden. Sie wollen, dass man sie hofiert, ihnen was Nettes sagt, in den Mantel hilft, die Tür aufhält … Höflichkeit der alten Schule, sagte Arnie immer. Und Zuhören muss man können. Zuhören ist wichtig.“

„Und überhaupt kein Sex?“

„Na ja, kann natürlich sein, dass die Dame auf Dauer mehr will …“ Jetzt grinste Novak schief. „Aber Sie würden staunen, wie selten das vorkommt. Und wenn dann doch eine Frau mehr will, kann man sich ja immer noch diskret zurückziehen."

„Und davon kann man leben?"

„Die Ladys sind großzügig, so lange es dauert."

„So lange es dauert?"

„Ja, genau. Mal wird es den Damen langweilig, mal kriegt die Verwandtschaft Wind und macht Ärger. Oder die Dame fängt an zu klammern … wird zu besitzergreifend, übergriffig ..."

„Und wenn das passiert, macht man sich mit dem Geld aus dem Staub."

„Eigentlich lässt man das Ganze eher so langsam ausplätschern. Arnie war da immer sehr akkurat. Hat jeder seiner Verflossenen hin und wieder eine Karte geschrieben, so in etwa: ‚Ich kann dich nicht vergessen'."

„Wie rührend!" Patrick konnte sich den spöttischen Ton nicht verkneifen.

„Arnie sagte immer, dass das ungemein wichtig ist. Für die Damen ist die Erinnerung etwas Wertvolles. So wie die Rose, die einem die erste Liebe geschenkt hat und die man sorgfältig presst und in seinem Tagebuch aufhebt."

„Ganz schön poetisch, der Herr Klesinger." Patrick verzog abfällig den Mund, empfand jedoch auch eine gewisse Bewunderung. „Und Sie hat er angelernt?"

„Also eigentlich … Ja, ich war praktisch sein Lehrling." Novak senkte den Blick.

„Ich wusste gar nicht, dass Gigolo ein Lehrberuf ist."

„Gigolo? Was soll das denn sein?"

Patrick biss sich auf die Lippen. Die abfällige Bemerkung war ihm so raus gerutscht. Dabei wusste er selber nicht mal so genau, was ein Gigolo war. Er konnte sich nur noch an einen Schlager erinnern, den seine Großmutter gern gehört hatte: *‚Schöner Gigolo, armer Gigolo, denke nicht mehr an die Zeiten, als du als Husar, goldbetresst sogar, konntest durch die Straßen reiten … wenn das Herz dir auch bricht, zeig ein lachendes Gesicht. Man zahlt, und du musst tanzen.'* Der Mann, der anscheinend Gigolo hieß, hatte ihm immer leid getan, bis seine Oma ihm gesagt hatte, dass *Gigolo* ein Beruf war und zwar ein ziemlich würdeloser. Es schien unheimlich wichtig, dass gerade Männer immer ihre Würde behielten. Und das bedeutete anscheinend, dass Männer Geld für Frauen ausgeben durften, aber Frauen nicht für Männer. Abgesehen davon bekam nach dieser Definition auch der Beruf des Tanzlehrers in der Welt des kleinen Patrick etwas entschieden Anrüchiges.

„Wie haben Sie sich denn kennengelernt?", wechselte Patrick das Thema.

„Hier ums Eck ist eine recht gemütliche Kneipe, wo man auch Dart spielen kann. Wir waren da öfter zur selben Zeit, spielten ein paar Runden, kamen ins Gespräch …" Novak lächelte bei der Erinnerung. Doch das Lächeln erstarb gleich wieder. „Arnie erzählte mir schließlich, wie er zu seinem Geld kommt. Er meinte, ich hätte Potential. Hat mich komplett neu eingekleidet. Eleganz und Stil sind wichtig, hat er gemeint. Und ich hab Tanzstunden genommen und einen Haufen Bücher gelesen, um mein Allgemeinwissen aufzupäppeln. Außerdem … es macht wirklich Spaß, den älteren Herrschaften zuzuhören und zu erfahren, wie es früher war.“

„Aha.“ Darauf wusste Patrick nichts zu sagen. Dann kam ihm ein Gedanke: „Sie sagen, er hat seinen Verflossenen immer mal wieder geschrieben? Dann muss er ja die Adressen irgendwo haben!“

„Klar, er hat genau Buch geführt. Nicht nur die Adressen, auch die Vorlieben und Abneigungen, Interessensgebiete, Umfeld und so … Das hat er in seinem Computer. Aber ich hab auch noch alles auf einem Stick.“

„Sie haben alles? Warum?“

„Er meinte, es wäre peinlich, wenn der Computer mal abstürzt und er dann ohne alles dasteht. Außerdem sind noch ganz private Sachen drauf …“

Patrick horchte auf.

„Könnte ich den Stick haben?“, wollte er wissen.

„Warum?“

„So, wie Sie den Inhalt beschreiben, könnte ein Hinweis auf seinen Mörder mit drauf sein.“

Novaks Augen weiteten sich.

Er sprang auf, eilte zu einem Schrank, der in einer Ecke am Fenster stand und holte einen USB-Stick aus der Schublade.

„Schauen Sie sich alles an!“, sagte er eifrig. „Ich hoffe, Sie finden den Dreckskerl.“ Er hielt einen Moment inne. „Aber ich will alles wiederhaben“, erklärte er dann und schlug die Augen nieder. „So als Erinnerung. Da ist auch noch eine Datei mit Arnies Gedichten drauf. Die sind wunderschön und … und … na ja, Sie werden's eh lesen.“ Jetzt wurde Novak rot, was Patrick überhaupt nicht verstand. Aber er sagte nichts dazu. „Vielleicht …“, redete Novak weiter und schaute Patrick hoffnungsvoll an, „könnte ich sie mir noch schnell überspielen, bevor Sie den Stick mitnehmen? Sonst hab ich ja kaum was von Arnie.“ Er seufzte.

„Sicher, ich denke, da spricht nichts dagegen“, nickte Patrick.

Novak lächelte dankbar, holte unter einem Stapel Hemden einen Laptop hervor und fuhr ihn hoch.

Währenddessen, fiel Patrick ein, dass er eine wesentliche Frage noch gar nicht gestellt hatte.

„Warum ist Ihnen nicht aufgefallen, dass Herr Klesinger nicht mehr da war?“, beeilte er sich, den Fehler auszumerzen. „Ich meine, Sie sagen, sie standen sich nahe. Sie wohnen im selben Haus. Und dann liegt er tagelang tot in seiner Wohnung, und Ihnen fiel gar nichts auf?“

„Ich bin erst gestern Abend zurückgekommen. Meine Familie lebt in Jugoslawien, also jetzt Slowenien. Ich bin Deutscher der zweiten Generation, wie es so schön heißt. Aber Familie ist Familie, nicht wahr? Ich hab sie über Ostern besucht. Gläubig, wie sie sind, ist ihnen sowas sehr wichtig.“ Novak hob verlegen die Hände. „Natürlich hab ich mich gewundert, dass Arnie nicht ans Telefon ging und so gar nicht anrief. Aber bei Urlaub mit einer Dame war sein Handy immer aus …“ Er schüttelte den Kopf. „Klar, ich hab mir allmählich Sorgen gemacht. Aber ich hab mir gesagt, dass alles schon okay sein wird und dass ich ihn ja heute wiedersehen würde. Als ich heimkam, war ich hundemüde und wollte nur noch schlafen.“

07

„Ich hab mir das durch den Kopf gehen lassen. Vielleicht war ja auch die Nussschnecke vergiftet. War da nicht eine Fliege … vielleicht auch noch zufällig tot?"

„Es war ein Plunderteilchen, und die Fliege war quicklebendig. Außerdem war es kein Mord. Die Autopsie hat ergeben, dass die Dame eines natürlichen Todes starb."

„Bist du sicher?"

„Nein, Monika. Ich bin ja schließlich kein Gerichtsmediziner. Aber DER ist sich sicher. Es war definitiv kein Mord. Ihr Herz blieb einfach stehen."

„Sagt der Arzt! Aber erinnerst du dich an *Die Tote in der Bibliothek* von Agatha Christie, in dem Mister Jefferson Digitalis verabreicht werden soll? Das wurde aus rotem Fingerhut extrahiert und wäre dem Arzt gar nicht aufgefallen …"

„Mittlerweile hat die Medizin ziemliche Fortschritte gemacht, glaube ich."

„Hm. Ja, du hast wahrscheinlich recht. Schade. Unser erster gemeinsamer Fall! Ach, das war so aufregend! Na ja, dann müssen wir auf das nächste Mal warten."

„Das nächste Mal? Was meinst du mit ‚das nächste Mal'?"

„Na ja, du stolperst ja öfter mal über Leichen."

„Tu ich nicht!"

„Reg dich nicht auf, Annamirl. Manche Dinge muss man nehmen, wie sie sind. Erinnere dich an das, was Roswitha uns in der letzten Yogastunde gesagt hat: ‚Was geschehen soll, wird geschehen. Wir müssen es annehmen und das Beste daraus machen', oder so."

08

„Sie hab‘n WAS?“ Auerbach schaute Patrick ungläubig an, als ihm dieser den Stick überreichte und berichtete, was er herausgefunden hatte. „Sie hab‘n einen Verdächtigen mit ein’m Beweismittel rumspiel’n lassen? Hab‘n S’ ihn wenigstens gut im Blick g’habt und genau zuag’schaut, was er g’macht hat?“

„Er hat lediglich eine einzige Datei kopiert“, beteuerte Patrick. „Da bin ich mir sicher … ziemlich sicher …“, fügte er kleinlaut hinzu.

„Ziemlich sicher. Na, dann passt ja ois.“ Auerbach funkelte ihn aufgebracht an. „Oh mei. Sie dramhappater Hirntoni.“ Er holte tief Luft und gab Patrick dann den Stick zurück. „Lass’n S’ Julia mal reinschau’n. Und dann geben S’ das Ding zur IT. Die können vielleicht feststell’n, ob was g’löscht word’n ist. Und schaun S’ zu, dass Sie rausfinden, ob der Novak wirklich bei seiner Familie da drunten war. Wenn ned, ist er vielleicht unser Mörder.“

Kopfschüttelnd wandte Auerbach sich ab und schaute demonstrativ aus dem Fenster. Patrick zog den Kopf ein und schlich wie ein geprügelter Hund zurück in sein Büro.

„Du meine Güte, was ist denn passiert?" Julia erschrak, als sie ihren Kollegen hereinkommen sah. „Hattest du einen Unfall?"

„Der Chef hat mich zur Schnecke gemacht." Patrick ließ sich auf seinen Stuhl fallen. „Und das voll zu Recht. Ich hab einen üblen Anfängerfehler gemacht. Das hätte mir nicht passieren dürfen."

Patrick erzählte ihr, wie es ihm mit Mirko Novak ergangen war.

„So schlimm kann's doch nicht sein", tröstete Julia. „Das ist bestimmt nichts, was man nicht wieder hinbiegen kann. Ich meine, der Computer vom Klesinger wurde schließlich sichergestellt, und die ITler sind schon dabei, alles auszuwerten, was auf der Festplatte ist. Vermutlich haben wir dann einfach alles doppelt, einmal auf dem Computer und einmal auf dem Stick."

„Hoffentlich. Aber es war trotzdem ein böser Fehler. Und dabei weiß der Chef noch gar nicht, dass ich viel zu spät nach dem Alibi gefragt habe. Dieser Novak hatte alle Zeit der Welt, um sich was Passendes auszudenken. Wahrscheinlich telefoniert er gerade mit seiner Familie in Slowenien, damit die ihm ein Alibi geben und uns bestätigen, dass er da war."

„Unsinn. Er war bestimmt tatsächlich dort, und in der Datei, die er sich runtergeladen hat, ist genau das, was er sagte: Gedichte."

„Schön wär's." Patrick fühlte sich schon etwas besser.

„Ich hab übrigens den Klesinger mal unter die Lupe genommen", wechselte Julia das Thema. „Bei uns ist so gut wie nix über ihn bekannt. Aber im Internet gibt's einiges: Er war wohl mal ein Ass beim Radfahren, fuhr sogar im Radsportverein hier in Fürstenfeldbruck und hat auch ein paar Preise gewonnen. Also hab ich den Vereinsleiter angerufen, und der sagte mir, dass Klesinger Profi werden wollte und wohl auch wirklich das Zeug dazu hatte. Aber dann hatte er einen Motoradunfall, bei dem er mit einem Bein unter die Maschine geriet und sich schwer am Knie verletzte. Danach war es aus mit dem Radfahren. Das hat ihn wohl aus der Bahn geworfen. Er hielt sich danach mit Gelegenheitsjobs über Wasser, war mal wegen Erregung öffentlichen Ärgernisses dran, als er betrunken war, und bekam nach einem Ladendiebstahl ein paar Sozialstunden aufgebrummt. Die leistete er in einer Reha-Klinik ab, in der er sich wohl mit einer Frau Weiß besonders anfreundete. Die ist inzwischen verstorben, hat ihm aber wohl etwas Geld vermacht. Er scheint überhaupt ein Händchen für ältere Damen gehabt zu haben. Ich hab eine Anzeige gefunden, wonach er eine Seniorin um dreitausend Euro erleichtert haben soll und sich dann aus dem Staub machte. Aber die Anzeige wurde zurückgezogen."

„Du warst ja ganz schön fleißig." Patrick war beeindruckt. „Es ist gerade mal Mittag, und du kennst den Kerl schon in- und auswendig."

So nebenbei hatte sie anscheinend auch sein Croissant aufgegessen. Die Tüte lag zumindest nicht mehr auf seinem Schreibtisch. Also alles wieder ganz normal.

„Ja, Respekt." Auerbach kam zur Tür herein. „Du bist ja so emsig wie a Bienerl."

„Ach, ich hatte ja ein paar Stunden Zeit", wehrte Julia ab, lächelte aber geschmeichelt. „Ich habe allerdings nichts gefunden, das uns weiterbrächte. Außer wenn die Dame, die er angepumpt hat, so eine Wut auf ihn hatte, dass sie ihn umgebracht hat. Aber die Anzeige ist schon zwei Jahre alt …"

„Ein bisserl spät für Rache", stimmte Auerbach zu. „Könnt' natürlich ein Verwandter der Dame sein, der's erst jetzt mitkriagt hat."

„Wie ist es denn passiert?", wollte Julia wissen.

„Erschlagen, so wia's ausschaugt. Deswegen bin ich eigentlich her'kommen: Die Autopsie ist heute Nachmittag. Am besten gehen Sie hin, Scholl."

„Könnte nicht ich?", schlug Julia eifrig vor.

„Also, ich weiß nicht, ob das eine gute Idee ist …" widersprach Patrick, obgleich er überhaupt nicht scharf darauf war, dabei zu sein, wie die Leiche aufgeschnitten wurde. „Der Zustand der Leiche …"

„Das macht mir überhaupt nichts aus“, behauptete Julia.

„Sie geben aber mal Gas!“ Auerbach lachte. „Aber’s stimmt schon, das müssen S’ auch könn’n … Und den Scholl wollen wir ja ned überstrapazieren, gell, Herr Scholl?“

„Aber ausgerechnet bei dieser Leiche …“ Patrick war entsetzt, dass der Chef Julia das zumuten wollte.

„Ich kann das“, betonte Julia und warf ihm einen bösen Blick zu.

„Dann mach ma das so. Sie geh’n hin, Frau Weyer. Der Termin ist um vier. Und Sie, Scholl: Schaun’s zu, dass Sie rausfinden, wie‘s mit den Finanzen von dem Klesinger steht. Die von dem Russe wären übrigens auch interessant. Ach, und schaun Sie sich mal die Nummern an, die der Klesinger in letzter Zeit ang‘rufen hat. Sein Handy war ned g‘schützt. Des könn‘ wir uns schon mal anschau‘n. Und vergessen S‘ nicht, das Alibi von dem Novak zu überprüfen.“

Damit nickte er den beiden zu und ging in sein eigenes Büro.

Patrick schaute ihm betreten hinterher. Er überlegte, ob er Julia nicht noch ein wenig mehr vorwarnen und von ihrer Absicht abbringen sollte. Andererseits war Auerbach dafür bekannt, dass er Entscheidungen, wenn er sie erst einmal getroffen hatte, nur selten wieder rückgängig machte. Außerdem war Julia alt genug, um zu wissen, was sie sich zutrauen konnte. Er selbst hatte seine erste Autopsie noch gut in Erinnerung: Ihm war übel geworden, obwohl da keine Maden mit im Spiel gewesen waren. Der Gerichtsmediziner damals hatte ihm zwar versichert, dass er sich fürs erste Mal gut gehalten hatte, aber Patrick wusste bis heute nicht, ob das nur wohlwollendes Mitgefühl war oder Tatsache. Wie auch immer. Julia hatte ihren Kopf durchgesetzt, jetzt musste sie da auch durch.

Patrick schaute auf die Uhr. Eigentlich sollte Sandra längst da sein. Sie verbrachten immer, wenn es sich irgendwie machen ließ, die Mittagspause zusammen. Natürlich konnte es sein, dass etwas Dringendes angefallen war. Aber dann sagte sie in der Regel Bescheid. Neugierig, was da wohl passiert war, machte sich Patrick auf zur IT-Abteilung ein Stockwerk höher. Aber zu seiner Verwunderung war Sandras Schreibtisch leer. Hatten sie sich vielleicht verpasst? Suchend schaute sich Patrick um und entdeckte schließlich einen Kollegen Sandras, den er vom Sehen kannte.

„Sandra?“, antwortete der auf Patricks Frage. „Die ist schon weg Richtung Kantine. Ich wär ja mitgegangen, aber meine Frau sagt, ich sollte dringend abnehmen …“ Er klopfte sich mit einem theatralischen Seufzer auf den Bauch und schaute Patrick fragend an.

„Äh, ich finde, Ihre Frau übertreibt.“ Patrick, eigentlich viel zu verwundert über Sandras ungewöhnliches

Verhalten, bekam es gerade noch hin zu sagen, was der Kollege hören wollte.

„Finden Sie?“ Der Kollege strahlte. „Eigentlich fühl ich mich ja selber auch recht wohl mit meiner Figur … Vielleicht sollte ich doch in die Kantine gehen. Ich könnt ja einen Salat essen.“ Er stand auf. „Kommen Sie mit?“

„Ich … äh … nein, ich wollte eigentlich bloß Bescheid sagen, dass ich heute Nachmittag die ganze Zeit im Büro sein werde, um zu recherchieren.“ Patrick spürte instinktiv, dass es keine gute Idee war, Sandra vor all den Kollegen mit ihrem seltsamen Verhalten zu konfrontieren. „Vielleicht könnten Sie Sandra das ausrichten?“

„Klar, mach ich. Der Mord, oder? Hab’s schon gehört. Da ist eine halb verweste Leiche gefunden worden.“

„Ganz so schlimm war’s nicht.“ Patrick schluckte. „Aber ich fürchte, ich muss jetzt wirklich los …“ Er nickte dem Kollegen zu und ging eilig in sein Büro zurück. Was war bloß mit Sandra los? Er konnte sich so gar keinen Reim darauf machen. War sie aus irgendeinem Grund böse auf ihn? Oder hatte sie vielleicht ihre Tage? Er hatte mal irgendwo gelesen, dass Frauen recht komisch reagieren konnten, wenn sie ihre Periode hatten. Na ja, er würde sie ja am Abend sehen, und vielleicht klärte sich dann alles. Julia war wohl schon weg

Richtung München. Die konnte er also auch nicht um Rat fragen. Nun, am besten zerbrach er sich nicht weiter den Kopf und machte sich lieber wieder an die Arbeit. Er konnte ja eine Kleinigkeit essen, während er sich der langweiligen Arbeit widmete, die Handynummern von Klesingers Handy den Besitzern zuzuordnen. Sein Appetit hielt sich ohnehin in Grenzen.

09

Patrick hatte mit Sandra verabredet, sich mit ihr gleich bei Annamirl zu treffen. Als er am Abend eintraf, hatte er immer noch an seinem Anfängerfehler zu kauen. Dass auf dem Stick kein einziges Gedicht zu finden gewesen war, hatte seine Stimmung nicht gerade verbessert. Es hatte eine Menge interessanter Dinge gegeben, das schon. Aber Gedichte – Fehlanzeige. Anscheinend hatte Novak die fragliche Datei nicht einfach nur kopiert, sondern auf seinen Rechner verschoben. Oder gelöscht. Julia hatte alles auf ihren eigenen Computer kopiert, bevor sie sich zur Autopsie aufmachte. Der Stick konnte also weiter zur IT-Abteilung. Patrick übernahm das persönlich in der Hoffnung, Sandra zu treffen. Doch ihr Platz war immer noch leer, was ihn noch mehr verstimmte.

„Du machst ein Gesicht wie sieben Tage Regenwetter", begrüßte ihn Annamirl. „Komm rein. Was ist denn los?"

Patrick tat wie ihm geheißen. Sandra war noch nicht da. Das machte es ihm irgendwie leichter, von seinem Missgeschick zu sprechen. Schließlich wollte er nicht ausgerechnet vor Sandra wie ein Trottel dastehen.

Als er davon berichtete, wie er die Leiche gefunden hatte, horchte Annamirl auf, tat aber ihr Bestes, um sich nichts anmerken zu lassen. Sie hätte sich die Mühe jedoch sparen können. Patrick war viel zu sehr damit beschäftigt, sich selbst leidzutun, als dass er Annamirls Interesse bemerkt hätte.

„So eine halb verweste Leiche kann einen schon aus der Spur werfen," beeilte sich Annamirl, ihr Mitgefühl auszudrücken. „Und wegen der Dateien würde ich mir keine zu großen Sorgen machen. Die Wahrscheinlichkeit ist doch groß, dass auf dem Computer des Toten genau dasselbe ist wie auf dem Stick, oder?"

„Das hat Julia auch gesagt."

Julia! Annamirl war froh, dass Sandra noch nicht da war.

„Wo ist eigentlich Sandra?", fragte Patrick, als hätte er Annamirls Gedanken erraten. „Ist sie noch gar nicht da?"

„Doch, sie ist da. Nur noch nicht hier."

Sandra bewohnte die hintere Hälfte von Annamirls Haus. Die hatte gefunden, dass das Haus zu groß für sie war, und eine Wand einziehen lassen, so dass Sandra eine komplette Wohnung mit separatem Eingang für sich allein hatte. Es gab eine Verbindungstür, doch die war in der Regel abgeschlossen. Jetzt aber konnte man hören, wie sie entriegelt wurde, und wenig später schwebte Sandra herein in einem wunderschönen Kleid und mit dezentem Make-up. Kein Zweifel, sie hatte sich große Mühe gegeben, besonders schön auszusehen. Patrick schaute sie an, sagte jedoch kein Wort, und Annamirl hätte ihn am liebsten getreten. Wieso kam es Männern nie in den Sinn, Frauen mal ein Kompliment zu machen? Es war ja nicht so, dass es sie irgendetwas kostete! Sie schüttelte innerlich den Kopf, setzte aber ein freundliches Lächeln auf.

„Na, dann setzt euch doch!", lud sie fröhlich ein. „Patrick, würdest du den Wein eingießen? Ich denke, er hat genug geatmet."

„Ich hab gehört, du hast nun doch einen Mordfall", sagte Sandra, während Patrick die Gläser füllte. Sie klang so uninteressiert, als würde sie vom Wetter sprechen.

„Und stell dir vor, Patrick hat die Leiche gefunden", versuchte Annamirl das Gespräch aufzulockern, während sie die Suppenterrine in die Mitte des Tisches stellte. „Ihr bedient euch einfach selbst, ja?"

„Ja, hab ich gehört", nickte Sandra, die erst Annamirls Teller füllte und dann ihren eigenen.

Dann schob sie die Schöpfkelle aber einfach nur in Patricks Richtung. Der hatte ihr schon seinen Teller hingehalten, musste sich nun aber wohl selbst bedienen.

„Wo warst du eigentlich heute Mittag?", fragte er Sandra. Inzwischen hatte sogar er gemerkt, dass etwas nicht stimmte. „Ich wollte dich abholen …"

„Ach, furchtbar viel Arbeit." Sandra machte eine wegwerfende Handbewegung. „Wir kamen ins Diskutieren und haben das dann in der Kantine fortgesetzt."

„Warum hast du nicht angerufen und Bescheid gesagt?"

„Hab ich vergessen."

„Wie konnte es denn überhaupt passieren, dass du die Leiche gefunden hast?", ging Annamirl dazwischen. Wenn die beiden unbedingt streiten wollten, dann wenigstens nicht bei ihrem Essen. Selbst eine von Würmern zerfressene Leiche war da noch ein besseres Thema.

„Der Anwalt der verstorbenen Frau Russe, Doktor Robert Laumann, hat mich drauf gebracht", meinte Patrick und erzählte kurz, wie es dazu gekommen war. „Die Suppe ist übrigens ganz ausgezeichnet. Kann ich noch einen Nachschlag haben, oder wäre das ein Fehler wegen dem, was noch kommt?"

„Nun, das kommt auf die Größe deines Appetits an!" Annamirl lachte. „Aber ich denke, das ist schon in Ordnung. Du bist ja noch im Wachsen."

„Im Wachsen? Höchstens in die Breite." Patrick stimmte in ihr Lachen ein und sogar Sandra lächelte.

Den Rest des Essens plauderten sie über eher belanglose Dinge. Doch im Stillen beschäftigte Annamirl die Frage, ob es ein Zufall war, dass der vermeintliche Erbe von Afra Russe ermordet worden war. Denn sie war sich sicher, dass Klesinger der junge Mann war, den die Nachbarin, Frau Hageneck, erwähnt hatte.

„Bleib sitzen, ich bring das Geschirr raus“, bot Sandra an, als auch der Nachtisch gegessen war. „Ich räum gleich alles in den Geschirrspüler, in Ordnung?“

„Das ist wirklich nett von dir“, nickte Annamirl und lehnte sich zurück.

„Hat sie ihre Tage?“, wollte Patrick wissen, kaum dass Sandra verschwunden war.

„Wie kommst du denn darauf?“ Annamirl konnte sich Patricks Frage beim besten Willen nicht erklären.

„Na ja, sie ist so komisch …“

Wenigstens hatte er zumindest das bemerkt. Aber die Erklärung, die er für sich selbst gefunden hatte – typisch Mann! Annamirl schüttelte ungläubig den Kopf.

„Wie lange kennt ihr euch schon?“ Eine rhetorische Frage, aber sie erfüllte ihren Zweck.

„Etwas über ein Jahr …“

„Und war Sandra jeden Monat mal so komisch?“

„Äh … nein.“

„Dann ist es doch seltsam, dass es jetzt plötzlich daran liegen soll, dass sie ihre Tage hat.“

„Hm. Schon. Ja dann …“ Patricks Augen weiteten sich plötzlich. „Ist sie dann womöglich schwanger?“

„Ach, Patrick, jetzt stell dich nicht so dumm an!“ Annamirl wurde ungeduldig. „Vielleicht solltest du den

Grund mal mehr bei dir suchen.“ Sie hatte sich zwar vorgenommen, sich rauszuhalten. Aber jetzt hatte sie keine Wahl mehr – ihr Teufelchen boxte das Engelchen triumphierend von der Bühne. „Ich weiß zufällig, dass du morgen mit deiner Kollegin essen gehen willst.“

„Ja, und?“

„Die Kollegin, die du schon seit ewigen Zeiten angehimmelt hast?“

„Das ist … also …“ Diese Wendung kam für Patrick unerwartet. „Na ja, vielleicht ein bisschen“, gab er schließlich zu. Annamirl hatte ihren strengen Lehrerinnenblick aufgesetzt, und Patrick fühlte sich plötzlich wie ein Zwölfjähriger, der etwas ausgefressen hatte. „Aber sie wollte ja nie etwas von mir wissen. Und dann traf ich Sandra!“

„Und du liebst sie.“ Annamirls Blick wurde weicher.

„Ich … ich denke schon.“

Annamirl unterdrückte einen Seufzer.

„Hast du das Sandra auch so gesagt?“, bohrte sie weiter.

„Ihr was gesagt?“

„Na, dass du sie liebst.“

„Aber das weiß sie doch!“

„Woher denn?“

„Na, ich treffe mich mit ihr …“

„Du triffst dich auch mit Julia.“

„Ja, aber weil sie mich eingeladen hat.“

„Also, wenn die Einladung von der Frau kommt, ist das harmlos, und wenn sie vom Mann kommt, ist es Liebe?“

„Ja … nein …“ Patrick war verwirrt.

„Patrick. Ich weiß, es geht mich nichts an.“ Jetzt setzte Annamirl einen mütterlichen Blick auf. „Aber lass mich alte Frau dir eines sagen: Es ist ungemein wichtig – und auch hilfreich – einer Frau ab und an zu sagen, was man für sie empfindet. In unserer hektischen Welt ist es schön, wenn man sicher sein kann, dass da jemand ist, auf den man sich verlassen kann. Aber Gefühle können sich ändern, also sollte man immer mal wieder daran erinnern, dass sie noch da sind.“ Sie legte den Kopf schief und lächelte. „Und es hilft ungemein, damit man es nicht in den falschen Hals bekommt, wenn eine andere Frau den Herzallerliebsten zum Abendessen einlädt.“

„Eigentlich war es ursprünglich eine Einladung, mal was trinken zu gehen …“ wagte Patrick anzumerken.

„Wie auch immer“, wedelte Annamirl den Einwand beiseite. „Pass auf, du machst Folgendes: Sobald ihr allein seid, sagst du die magischen drei Worte von der Liebe zu Sandra. Und nicht in der Form von ‚ich mag dich‘ oder ‚ich hab dich gern‘ …“

„Was ja auch vier Worte wären.“

„Du weißt, was ich meine. Also, ich werde euch ein wenig allein lassen, und du sagst Sandra, was du zu sagen hast."

Das Teufelchen machte die ‚Daumen-hoch'-Geste, und das Engelchen verschränkte beleidigt die Arme.

„Wäre das nicht ein wenig zu plötzlich?", merkte Patrick an, hob dann aber abwehrend die Hände, als Annamirl ihn mit einem vernichtenden Blick bedachte. „Schon gut. Du hast ja recht. Glaube ich zumindest."

„Und weil wir schon dabei sind – es hilft auch, einer Frau zu sagen, dass man es bemerkt, wenn sie sich extra hübsch gemacht hat", fügte Annamirl noch hinzu. Wenn sie sich schon einmischte, konnte sie es genauso gut auch richtig machen.

Patrick konnte jedoch nicht mehr darauf antworten, denn Sandra kam wieder zurück.

„Vielleicht wechseln wir ins Wohnzimmer", schlug Annamirl vor. „So ein Sofa ist doch viel gemütlicher. Geht schon mal vor. Ihr kennt ja den Weg. Ich komme gleich nach."

Sie stand auf und ging Richtung Badezimmer. Dort ließ sie sich sehr viel Zeit, um sich die Hände zu waschen und die Haare zu bürsten. Als sie dann so spät wie möglich doch ins Wohnzimmer trat, saßen ihre beiden Gäste nebeneinander auf dem Sofa. Patrick hielt Sandras Hände in seinen und Sandra strahlte. Sehr gut!

„Irgendwer Kaffee?“, bot Annamirl an, doch Sandra und Patrick schüttelten den Kopf.

„In Ordnung.“ Zufrieden ließ sich Annamirl in den Polstersessel plumpsen, der dem Sofa gegenüber stand. „Dann erzähl doch mal ein wenig über deinen neuesten Fall, Patrick.“

„Du weißt doch genau, dass ich darüber nicht reden darf!“

„Unsinn. Sandra ist eine Kollegin, da ist das also kein Problem. Und ich war mal deine Lehrerin und habe damit praktisch den Status eines Beichtvaters.“

„Müsste es nicht Beichtmutter heißen?“

„Na, na, na!“ Annamirl zog ärgerlich die Augenbrauen zusammen. „Dieses übertriebene Gendern geht mir allmählich auf die Nerven. Die deutsche Sprache ist eine gewachsene, die sich ganz von allein so verändern wird, wie es für das Zusammenleben erforderlich ist. Ich muss das wissen, denn ich habe schließlich Deutsch unterrichtet. Diese Sternchen tun der Gleichberechtigung von Mann und Frau keinen Gefallen. Sie ziehen das Ganze eher ins Lächerliche. Außerdem kreiiert man einfach nur eine zweite Klasse, wenn man allem noch eine weibliche Endung anhängt. Ein weiblicher Schriftsteller zum Beispiel heißt Schriftstellerin, und damit unterstellt man automatisch, dass eine Frau nicht so gut schreibt wie ein Mann, sondern eben nur wie eine Frau. Wenn mich jemand fragt, welchen Beruf ich hatte, sage ich immer und ganz bewusst ‚Lehrer' und nicht Lehrerin. Denn ich war und bin genauso gut wie meine männlichen Kollegen und konnte jederzeit mit denen mithalten."

„Oh ja, da waren wir Schüler uns immer alle einig", grinste Patrick.

Annamirl schmunzelte, wurde aber gleich wieder ernst.

„Statt an der Sprache rum zu schrauben", setzte sie ihren Vortrag fort, „sollte man sich lieber mal darum kümmern, dass Medikamente immer noch ganz und gar an den männlichen Körper angepasst sind, was mitunter fatale Folgen hat, wenn man sie einer Frau verschreibt. Oder man könnte es wenigstens mal angehen, dass die Sicherheitsgurte in den Autos verstellbar sind. Meiner scheuert zum Beispiel immer am Hals, weil er für einen männlichen Fahrer bemessen wurde."

„Ja, du hast recht", nickte Sandra nachdenklich. „Oder man sollte wenigstens mal auf die Idee kommen, dass auch die Jacken von Frauen eine verschließbare Innentasche haben sollten, damit man zum Beispiel den Geldbeutel sicher unterbringen kann, und nicht ständig mit diesen lästigen Handtaschen rumlaufen muss, die man dann womöglich irgendwo liegen lässt. Und Hosentaschen, in die mehr als der kleine Finger passt. Ich verzweifle jedes Mal, wenn ich auch nur meinen Autoschlüssel unterbringen will!"

„Aber ich dachte immer, Frauen stehen auf schicke Taschen“, wagte Patrick anzumerken. Zu spät fiel ihm ein, dass er Sandra noch nie mit einer Handtasche gesehen hatte. Sie besaß einen kleinen Rucksack, den sie meistens dabei hatte. Aber eine Handtasche, niemals.

Die Blicke, mit denen die beiden Damen ihn bedachten, belehrten ihn nunmehr, dass anscheinend auch Annamirl nicht viel von Handtaschen hielt.

„Ich dachte nur, weil doch überall Frauen mit diesen Riesendingern rumlaufen, in denen man den halben Hausstand unterbringen könnte …“

„Weil unsereins kaum etwas anderes übrig bleibt“, nickte Sandra. „Ich hab mich aber schon oft gefragt, warum man zu diesen Taschen nicht eine kleine Schaufel mitliefert. Ich kann mir nicht vorstellen, dass man darin auf Anhieb etwas finden kann.“

„Zumindest kann man auch große Dinge darin verstauen. Einen Ziegelstein zum Beispiel.“ Annamirl war klar, dass die Überleitung alles andere als elegant war. Aber sie war fest entschlossen, zu ihrem ursprünglichen Thema zurückzukommen.

„Um jemanden zu erschlagen, meinst du?“ Patrick schmunzelte. Er mochte nicht viel Ahnung haben, wenn es darum ging, mit Frauen klar zu kommen. Doch er kannte seine ehemalige Lehrerin gut genug, um zu wissen, dass sie so schnell nicht locker ließ.

Wenn die sich erst einmal etwas in den Kopf gesetzt hatte, machte man am besten einfach, was sie wollte.

„Zum Beispiel." Annamirl machte ihr unschuldigstes Gesicht. „Hast du nicht gesagt, der Mann, den du gefunden hast, wurde erschlagen?"

„Nein, habe ich nicht. Aber er wurde tatsächlich erschlagen. Allerdings nicht mit einem Ziegelstein, sondern mit einem Pokal, wie es aussieht. Wir warten noch auf die Ergebnisse der SpuSi."

„Und er war der Haupterbe von Frau Russe?"

„Nehme ich an, der Anwalt hat es ja nicht wirklich bestätigt."

„Hm, aber wenn er schon Tage tot war, als Frau Russe starb …"

„Ja, er ist definitiv vor ihr gestorben. Das Testament ist also in der Hinsicht wertlos."

„Und wer erbt jetzt?", wollte Sandra wissen.

„Dann geht es wieder nach der gesetzlichen Erbfolge, also wahrscheinlich der Neffe."

„Dann ist der euer Hauptverdächtiger?"

„Er ist auf jeden Fall ein Verdächtiger. Obwohl noch nicht einmal klar ist, ob er von Arnold Klesinger überhaupt etwas wusste."

„Und hatte dieser Klesinger sonst irgendwie Feinde? Was hat er denn beruflich gemacht?"

„Er war ein Gigolo."

„Ein was?“ Sandra schaute verwirrt. „Das Wort hab ich noch nie gehört.“

„Ein Gigolo, auch Eintänzer genannt, ist ein Mann, der für Geld mit Frauen tanzt“, erklärte Annamirl im besten Lehrerinnenton. „Zumindest war das die ursprüngliche Bedeutung. Nach dem ersten Weltkrieg gab es Tanzlokale, die gutaussehende Männer anstellten, damit sie mit den weiblichen Gästen tanzten, die ja kriegsbedingt in der Überzahl waren. Der Mann bekam ein Grundgehalt und dazu meistens Trinkgeld von den Damen. Da der Mann damals als das starke Geschlecht galt …“ sie schmunzelte, „galt es als anrüchig, wenn ein Mann so seine Dienste anbot. Das ist dem Begriff geblieben. Heutzutage sagt man aber eher Callboy dazu.“

„Oh nein, der Klesinger war kein Callboy. Sagt zumindest sein Lehrjunge. Er hat Frauen gewissen Alters die Einsamkeit mit seiner Anwesenheit versüßt.“

„Ein Witwentröster!“, rief Annamirl. „Das wird ja immer besser! Und er hatte einen Azubi?“

„Ja, Mirko Novak. Anscheinend waren die beiden eng miteinander befreundet, und Klesinger hat Novak in die Lokale eingeführt, in denen man betuchte ältere Damen kennenlernen kann. Das *Weinzierl* in Dachau scheint so ein Lokal zu sein. Kennst du das?“

„Nein!“, Annamirl gab sich entrüstet. „Für so etwas habe ich keine Zeit. Außerdem tanze ich nicht gern mit Leuten, die ich nicht kenne.“

„Wie schäbig“, meinte Sandra, „gutgläubige Frauen auszunehmen und dann sitzen zu lassen.“

„Das kommt darauf an.“ Annamirl wiegte den Kopf. „Ich könnte mir vorstellen, dass so ein paar Komplimente und ein wenig Interesse von einem gepflegten Mann einem schon helfen können, wenn der Mann gestorben ist und man allein zurück bleibt …“

Ihre beiden Gäste schauten sie konsterniert an.

„Was denn?“, wehrte sie ab. „Als mein Norbert starb, war ich trotzdem nicht allein. Meine Familie war immer für mich da. Aber ich könnte mir vorstellen, dass Frauen, die das Alleinsein nicht gewöhnt sind und in ein seelisches Loch fallen, froh sind, wenn sie jemand da raus holt. Aber für mich wäre sowas, wie ich schon sagte, nichts. Zumal ich für einen Mann wie diesen Herrn Klesinger wohl kaum das richtige Ziel wäre.“ Sie verzog amüsiert den Mund. „Allerdings, wenn er erfolgreich war und Frau Russe nicht die Einzige war, die er beerben sollte, könnte ich mir vorstellen, dass es da noch den einen oder anderen ungehaltenen Erben gab …“

„Möglich“, nickte Patrick und nahm sich vor, in dieser Richtung besonders gründlich nachzuforschen. Er hatte schließlich eine Scharte auszuwetzen. „Anscheinend hat Klesinger genau Buch geführt über seine Eroberungen.“

„Stimmt, wir haben den Computer von ihm bekommen und einen USB-Stick. Ich mach mich gleich morgen früh drüber“, versprach Sandra.

Tagebuch: Mittwoch, 24. April

Endlich, endlich, endlich. Er wurde gefunden, und nun können die Dinge ihren geregelten Gang gehen. Was für ein perfektes Timing. Ganz so, als hätte ich es geplant. Offenbar ist es vom Schicksal so gewollt. Denn ich hatte ja wirklich nur vor, ein ernstes Gespräch mit ihm zu führen und ihm zu erklären, warum er das Erbe unmöglich annehmen kann. Hätte er nur ein wenig Verstand gehabt, wäre ihm klar gewesen, dass meine Argumente logisch und zwingend sind. Dann hätten wir einfach als gute Freunde auseinandergehen können. Aber stattdessen hat mich dieser Schönling doch glatt ausgelacht. Ein Schleimer und Schürzenjäger wie er wagt es, mich auszulachen! Als er mir den Rücken zukehrte, habe ich dann eben zugeschlagen. Was hätte ich sonst tun sollen? Etwas anderes kam überhaupt nicht in Frage. Das hätte ihm aber auch wirklich klar sein müssen.

Obwohl ich ja sagen muss, dass diese Lösung auch wirklich die Bessere war. Wo er sich doch so uneinsichtig zeigte. So ein arroganter Trottel hat es einfach nicht verdient, einen Haufen Geld zu erben.

Donnerstag, 25. April 2019

01

„Dieser Klesinger war ziemlich gut unterwegs", stellte Julia fest, als Patrick im Büro eintraf. „Die Liste der Damen ist ganz schön umfangreich. Da steht ein Dutzend Namen drauf."

Patrick legte die Gebäcktüte ab und kam zu ihrer Seite des Schreibtischs.

„Du hast recht, der war fleißig", nickte er. Er blickte unschlüssig zu seiner Kollegin hinunter und überlegte, ob er fragen sollte oder nicht.

„Wie war es denn bei der Autopsie?", wagte er es schließlich doch.

„Hör mir auf. Es war widerlich!" Julia hob kurz den Blick, schaute dann aber gleich wieder auf den Bildschirm. „Wenigstens krabbelte da nichts mehr rum, so wie bei dir."

„Erinnere mich nicht dran." Patrick verzog den Mund. „Trotzdem war es bestimmt nicht angenehm. Was kam denn dabei raus?"

„Der Todeszeitpunkt wurde als so ungefähr vor zwei Wochen benannt. Eine genauere Bestimmung kommt noch. Irgendwas mit verpuppten Maden … ich erspare dir die Einzelheiten." Julia verdrehte die Augen. „Todesursache war ein Schlag mit einem stumpfen Gegenstand von hinten. Etwas Eckiges wurde mit solcher Wucht auf Klesingers Kopf geschlagen, dass die Schädeldecke brach. Entweder jemand sehr kräftiges oder jemand, der sehr wütend war. Und als Tatwaffe wäre dieser Pokal mit Marmorsockel am wahrscheinlichsten."

„Ist da schon was gekommen?"

„Nein, aber der Pokal hat Vorrang. Da sollte noch heute ein Ergebnis kommen."

„Nehmen wir mal an, der Pokal ist die Tatwaffe. Wäre auch eine Frau zu so einem Schlag in der Lage?"

„Wenn sie das Ding mit Schwung auf ihn niedersausen lässt, durchaus. Aber sie sollte schon einiges an Kraft aufwenden können. Eine Dame fortgeschrittenen Alters kommt da eher nicht in Frage."

„Ah, ich sehe schon. Du weißt, worauf ich hinaus will."

„Dann schaun mir amoi, ob oane von dene Weiber noch guad g'nug beieinander ist." Auerbach war mal wieder unbemerkt dazu gekommen. „Könnt ja sein. Wenn's zum Beispiel so oana wie mei Frau wär …"

Er brach abrupt ab, als Julia und Patrick ihn neugierig anschauten.

„Na, jedenfalls müss'n mir uns a jede anschaun. Und wenn's Verwandte gibt, die aa. Des könnt's ihr zwei mach'n. Miteinander. Damit da ned wieder was schiefgeht."

Patrick scharrte verlegen mit den Füßen.

„Ich red derweil mal mit dem Neffen von der Russe", fuhr Auerbach fort. „Aber vorher geh i no zu diesem Novak. Nach dem, was Sie sagen, Scholl, stand er dem Opfer ja recht nahe. Ich werd mal mit eam durch die Wohnung laufen. Vielleicht fällt eam auf, ob was fehlt." Er nickte den beiden zu und verschwand wieder.

„Oje, da haben wir eine Menge abzuklappern", Patrick seufzte. „Wie wär's, ich hol uns erst einmal einen Kaffee zu den Croissants, und dann machen wir uns eine Liste."

„Gute Idee. Ich lass mal alle Namen durch den Computer laufen. Wenn die Damen keine Verwandten haben und gebrechlich sind, können wir sie gleich ausschließen."

„Wie willst du denn herausfinden, ob sie gebrechlich sind?"

„Fotos? Vielleicht findet sich die eine oder andere ja auf einem Wohltätigkeitsball oder so. Wir gehen doch davon aus, dass sie reich sind, nicht wahr?"

„Gute Idee. Aber vielleicht geht es schneller, wenn wir die Damen einfach anrufen. Wir können ja sowieso schlecht unangemeldet bei denen rein platzen."

02

Annamirl war viel zu früh dran. Sie hatte sich herausgeputzt, mit einem grünen Seidenkleid und der Perlenkette, die ihr Mann ihr zum vierzigsten Geburtstag geschenkt hatte.

„Ab vierzig kann eine Frau Perlen tragen", hatte er ihr mit seinem typischen Schmunzeln erklärt. „Bis gestern warst noch zu jung dazu."

Sie trug die Kette mit den cremefarbenen Perlen und dem Diamantverschluss sehr gern. Einerseits in Erinnerung an ihren lieben Mann, andererseits, weil sie fand, dass sie ihr tatsächlich sehr gut stand.

Als sie das Büro der Kanzlei betrat, bekam sie erst einmal einen Schreck. Vor ihr hinter einem Schreibtisch saß eine Puppe. Doch dann schaute die Puppe auf und lächelte.

„Frau Hofstetter?", fragte sie, und als Annamirl nickte, fuhr sie fort: „Grüß Gott. Sie sind ein wenig früh dran. Es ist noch ein Mandant bei Herrn Doktor Laumann. Aber setzen Sie sich doch. Möchten Sie einen Kaffee?

„Gerne." Annamirl nahm auf dem Stuhl Platz, auf den die junge Dame deutete. Da fiel ihr auch schon ein, warum sie im ersten Moment an eine Puppe gedacht hatte. Als Kind hatte sie einmal von einer Tante, einem

Dragoner von einer Frau, eine Puppe geschenkt bekommen. Es war so eine mit Porzellankopf, blauen Glasaugen, einem himmelblauen Kleid aus Kunstseide und blonden Locken aus echtem Mohair. Die Puppe war scheußlich, hatte die kleine Annamirl befunden und war ganz froh, als ihre Mutter sie gleich an sich nahm, weil diese wertvolle Puppe zum Spielen viel zu schade war, wie sie sagte. Die Mutter hatte die Puppe ganz nach oben in die Vitrine gesetzt, von wo aus sie viele Jahre lang auf Annamirl hinunter starrte.

Die junge Frau vor ihr sah genauso aus wie diese Puppe: blonde Locken, große blaue Augen, eine Stupsnase, ein Mund mit einem perfekten Amorbogen, ein rundliches blasses Gesicht. Selbst das hellblaue Kleid war da. Und leider hatte ihr Gesicht auch die gleichen Proportionen wie bei eben dieser Puppe. Die Augen waren zu groß, der Mund zu klein, und die Nase passte auch nicht recht dazu. Das alles wäre ja noch angegangen, wenn das Gesicht schmal gewesen wäre, doch leider war es rundlich. Das Rouge auf den Wangen und die viel zu dick aufgetragene schwarze Wimperntusche machten es noch schlimmer. Auf den zweiten Blick erinnerte Annamirl dieses Gesicht noch an eine Figur aus einem Manga – oder nannte man das Anime? Jedenfalls so eine japanische Zeichentrickserie, die ihre Enkelin Bärbel besonders mochte. Wie hieß die doch gleich? Sailor Moon? Irgendwie sowas.

„Darf ich mich vorstellen: Mein Name ist Marlis Seebohm. Ich bin Doktor Laumanns Assistentin“, fügte die fleischgewordene Puppe dem Kaffee hinzu, den sie Annamirl hinstellte. „Aber nennen Sie mich einfach Marlis. Milch und Zucker?“

„Nein, danke. Ich trinke ihn schwarz.“

„Sie sind zum ersten Mal bei uns?“, plauderte Marlis weiter, als sie sich wieder an ihren Platz gesetzt hatte.

„Ja, Afra Russe hat mir diese Kanzlei wärmstens empfohlen.“

„Sie sind eine Freundin von Frau Russe?“ Marlis konnte ihre Verwunderung nicht ganz verbergen.

„Neinnein“, beeilte sich Annamirl denn auch zu versichern. „Freundin ist entschieden zu viel gesagt. Eher eine oberflächliche Bekanntschaft. Man begegnet sich beim Spazierengehen, tauscht Höflichkeiten aus, redet ein bisschen, trifft womöglich noch eine gemeinsame Bekannte … Bei uns alten Leuten ist das ja ganz normal.“

„Ich würde Sie nicht als ‚alt‘ bezeichnen, Frau Hofstetter“, warf Marlis professionell ein.

„Doch, doch. Ich bin alt, und deswegen bin ich ja auch hier. Wissen Sie, wir kamen mal ins Reden, und da hat Frau Russe erwähnt, dass Sie ihr Testament von Ihnen aufsetzen ließ und es bei Ihnen hinterlegte. Überhaupt sprach sie in den höchsten Tönen von dieser Kanzlei.“

„Tatsächlich? Wie nett." Marlis sah aus, als könne sie das gar nicht glauben.

„Ja, jedenfalls dachte ich, ich sollte mich auch mal um ein Testament kümmern und so. Aber man schiebt das dann ja doch immer so vor sich her, nicht wahr? Aber als ich dann gelesen habe, dass Frau Russe einfach so gestorben ist, dachte ich, es wäre jetzt vielleicht wirklich höchste Zeit, alles mal anzugehen." Annamirl machte ein betroffenes Gesicht. „Es gibt einem schon zu denken, wenn so plötzlich Schluss ist, oder?"

„Ja, es kam schon ein wenig unerwartet", gab Marlis zu. „Obwohl ich gehört habe, dass sie nicht gerade die Gesündeste war."

„Kannten Sie sie gut?"

„Oh nein, das würde ich nicht sagen. Frau Russe konzentrierte sich lieber auf die wesentlichen Dinge."

Sie gab sich nicht mit so kleinen Angestellten ab, übersetzte Annamirl im Stillen. Alles unter dem Anwalt persönlich war wohl unter ihrer Würde. Mit einem verständnisvollen Lächeln nickte sie der jungen Dame zu.

„Soviel ich weiß, war sie öfters hier", wagte sie dann einen Schuss ins Blaue. Eine Frau, die so viel mit ihren Nachbarn stritt, schaltete doch sicher auch hin und wieder ihren Anwalt ein. Und tatsächlich:

„Oh ja, Frau Russe war oft bei uns", seufzte Marlis. „Sie brauchte immer mal wieder rechtliche Beratung und Beistand."

„Und da kam sie immer allein?“, staunte Annamirl. „Ist ja nicht gerade der nächste Weg. Frau Russe war anscheinend rüstiger, als ich dachte.“

„Oh nein, sie wurde meistens von ihrem Neffen begleitet!“ Marlis’ Augen leuchteten auf.

Ah, dachte Annamirl, der Neffe gefällt dir wohl, Mädel.

„Und der war bei allen Besprechungen dabei?“ Annamirl gab sich Mühe, so auszusehen, als würde sie das gar nicht gut finden und sich überlegen, ob sie nicht doch beim falschen Anwalt war.

„Nein, Frau Russe ging immer allein ins Büro von Doktor Laumann“, beschwichtigte Marlis prompt. „Wir nehmen es da sehr genau mit Diskretion und Vertrauensschutz! Frau Russes Neffe hat immer hier draußen gewartet.“

Und wahrscheinlich hatte Marlis den Neffen auch mit Kaffee versorgt und mit ihm geplaudert, dachte Annamirl, während sie selbst einen Schluck Kaffee nahm. Ein bisschen stark, stellte sie fest, aber gut.

„Den Neffen habe ich, glaube ich, auch mal getroffen“, überlegte sie laut. „Ein sehr gutaussehender junger Mann.“

„Oh ja, er ist ganz reizend!“ Wieder leuchteten Marlis’ Augen auf. „So charmant und so gebildet. Und er war immer sehr um seine Tante bemüht. Auch wenn sie es ihm gar nicht dankte.“

„Er heißt, glaube ich, auch Russe, nicht wahr?“

„Ja, Michael Russe.“ Marlis errötete.

Leider hatte Annamirl keine Gelegenheit mehr, Marlis genauer über diesen Neffen auszuforschen, denn in diesem Moment öffnete sich die Tür rechts von Marlis.

„Machen Sie sich keine Sorgen. Das kriegen wir schon hin“, sagte ein Mann in gesetztem Alter zu einem wesentlich älteren und schüttelte ihm die Hand. „Auf Wiedersehen.“ Und zu seiner Assistentin gewandt: „Marlis, die Akte Huber bitte.“

„Sofort“, versicherte Marlis eifrig. „Und Frau Hofstetter ist schon da …“ Sie machte eine Handbewegung in Richtung Annamirl, die pflichtschuldigst aufstand.

„Ah, Frau Hofstetter! Schön, Sie kennenzulernen.“ Der Mann machte eine einladende Handbewegung, und Annamirl ging an ihm vorbei in sein Büro, wo er ihr einen Stuhl zurechtrückte, ehe er sich selbst auf der anderen Seite seines riesigen Schreibtischs niederließ.

Doktor Laumann sah genau so aus, wie man sich einen Anwalt vorstellte, dachte Annamirl, als sie ihn diskret musterte. Ein wohlbeleibter Mann um die fünfzig, mit einer großen Brille und schütterem Haar. Er strahlte Würde und Kompetenz aus und eine warme Freundlichkeit, die seinen Mandanten sicherlich das Gefühl geben sollte, bei ihm in guten Händen zu sein.

„Nun, Frau Hofstetter, was kann ich für Sie tun?“ Er beugte sich interessiert nach vorn und faltete die Hände auf der Schreibtischplatte.

„Ich möchte mich um meine letzten Dinge kümmern“, erklärte Annamirl und sagte wieder ihr Sprüchlein zu Afra Russe auf. „Und dann … hätte ich noch ein kleines Problem mit meinen Nachbarn …“, fügte sie hinzu. Die Familie Fagiano, die das Haus neben dem von Annamirl bewohnte, stammte aus Sizilien, und Annamirl half dem Sohn immer mal wieder bei den Deutsch- und Englischhausaufgaben. Marina Fagiano, die Herrin des Hauses, versorgte Annamirl dafür mit allerlei sizilianischen Köstlichkeiten. Annamirl hoffte inständig, dass die Familie nie erfahren würde, dass sie einem Anwalt vorlog, sie hätte Ärger mit ihnen, nur um seine Reaktion zu testen.

„Vielleicht kümmern wir uns erst einmal um Ihren Nachlass“, schlug Laumann da aber vor, und Annamirl nahm erleichtert zur Kenntnis, dass er anscheinend nicht scharf darauf war, Nachbarschaftsstreitigkeiten auf die Spitze zu treiben, nur weil man damit gut verdienen konnte. Sie hatte gelesen, dass so ein Anwalt pro Brief locker mal ein halbes Vermögen abrechnete, und so ein Streit erforderte sicher viele Briefe.

„Haben Sie denn Kinder?“, riss Laumann sie aus ihren Grübeleien.

„Ja, einen Sohn.“

„Und Sie möchten nicht, dass er erbt?“ Laumann verzog skeptisch den Mund. „Das dürfte dann aber schwierig werden. Das Gesetz sichert ihm einen Pflichtteil zu, den er nur dann nicht beanspruchen kann, wenn wir ihm grobe Undankbarkeit nachweisen können.“

„Doch, mein Sohn soll schon Erbe sein!“ Annamirl bemerkte Laumanns Erstaunen und fügte schnell hinzu: „Es geht um eine Nichte von mir. Sie kommt immer nur zu mir, wenn sie Geld braucht, und, als ich das letzte Mal Nein sagte, wurde sie richtig ausfallend …“

„Da kann ich Sie beruhigen“, versicherte der Anwalt. „Die Nichte ist ja keine direkte Verwandte …“ Er bemerkte Annamirls verständnislose Miene und holte weiter aus: „Also, es gibt die Verwandtschaft in direkter Linie. Das sind Ihre Kinder und Ihre Eltern. Ein Ehemann hat eine Sonderstellung und würde auf jeden Fall die Hälfte des Erbes beanspruchen können. Geschwister, Neffen, Nichten usw. sind Verwandte in indirekter Linie. Die erben nur, wenn es weder direkte Nachkommen noch ein Testament gibt … und bei letzterem auch nur, wenn sie in der letztwilligen Verfügung bedacht werden.“

„Ach, das ist ja praktisch“, strahlte Annamirl. „Dann erwähnen wir diese Nichte einfach gar nicht.“ Sie überlegte einen Moment. „Entschuldigen Sie, wenn ich jetzt etwas lästig klinge, weil ich ja einen direkten Verwandten habe, aber ich bin jetzt einfach mal neugierig. Wie ist das eigentlich, wenn nur solche indirekten Verwandten da sind: Muss man dann einen von denen als Erben einsetzen oder ginge auch jemand, mit dem man gar nicht verwandt ist? Ich habe nämlich eine Freundin, die jetzt allein in der Welt steht, abgesehen von einer Kusine …“

„Diese Dame kann aussuchen, wen immer sie will. Wenn sie zum Beispiel möchte, dass Sie sie beerben, ist das mit einem Testament kein Problem.“

„Oh, ich glaube nicht, dass das eine gute Idee wäre. Wir sind beide ungefähr gleich alt …“

„Was nichts zu sagen hat.“

„Danke, aber trotzdem. Jedenfalls werde ich ihr sagen, was Sie mir erzählt haben, und sie am besten auch gleich zu Ihnen schicken“, versicherte Annamirl treuherzig.

„Das ist nett von Ihnen. Aber vielleicht kümmern wir uns jetzt erst einmal um Ihren Letzten Willen.“

„Ja. Ja, natürlich. Also, ich habe einen Sohn mit dem ich mich wirklich gut verstehe. Und mit seiner Frau auch. Und ich habe da auch zwei Enkelkinder. Barbara und Sylvia, reizende Mädchen. Ich möchte sicherstellen, dass die beiden versorgt sind, wenn es später einmal um ihre Ausbildung geht. Da sind noch ein paar Jahre hin, aber heutzutage ist ja alles so teuer, und das wird bestimmt nicht besser! Ich hab da mal was von einem

Treuhandfond gehört, oder so … Aber ich weiß nicht so recht, was das ist …“ Sie lächelte, wie sie hoffte, verlegen.

„Sie können ein Vermächtnis aufsetzen, das sicherstellt, dass Ihre Enkel versorgt sind“, meinte Laumann. „Das ist gar kein Problem. Allerdings wäre es dann sinnvoll, einen unparteiischen Testamentsvollstrecker zu benennen.“

„Können Sie das denn nicht machen?“

„Wenn Sie mich bevollmächtigen, gern.“

„Und dann wäre da noch mein Haus. Das habe ich zum Teil vermietet und ich möchte nicht, dass die junge Dame, die da wohnt, hinaus geschmissen wird. Nicht, dass ich glaube, dass mein Sohn das machen würde, aber …“

„Natürlich. Ein kluger Gedanke. Obwohl das eigentlich ohnehin nur bei Eigenbedarf geht. Aber wir könnten das auf jeden Fall mit einer Klausel zum Wohnrecht für die Dame sicherstellen, wenn Sie auf Nummer sicher gehen wollen.“

„Na ja, und dann sind da noch ein paar Kleinigkeiten und die eine oder andere Summe, die ich lieben Freunden hinterlassen will.“

„Verstehe“, Laumann lächelte freundlich und schien das auch wirklich so zu meinen. „Haben Sie denn eine Aufstellung Ihrer Vermögenswerte bei sich?“

„Oh nein!“ Annamirl machte ein erschrockenes Gesicht. „Daran habe ich gar nicht gedacht! Ich Dummerle. Natürlich brauchen Sie so etwas. Wie sollen Sie denn sonst wissen, wovon ich rede?“

„Aber das macht gar nichts, meine liebe Frau Hofstetter“, tröstete Laumann. „Dann kümmern wir uns jetzt erst einmal nur um die Formalitäten. Ich bräuchte da …“, er holte ein Blatt Papier aus einer Schublade, „eine Vollmacht von Ihnen.“

Als Annamirl wieder das Vorzimmer betrat, stand bei Laumanns Assistentin ein junger Mann und redete lächelnd auf sie ein. Wie nannte man diesen Typ Mann doch gleich? Hipster, fiel es ihr wieder ein. Sorgfältig gestutzter Vollbart, die Haare oben lang und zu einem Schwänzchen gebunden, dafür an den Seiten kurz rasiert. Annamirl hatte mal gelesen, dass diese Männer so herumliefen, weil sie sich bewusst vom Geschmack der breiten Masse abgrenzen wollten. Das war ihnen aber nicht so recht gelungen, wenn sie jetzt doch alle wieder gleich aussehen, überlegte sie trocken. Aber jeder, wie er wollte. Allerdings hätte sie es vorgezogen, wenn dieser junge Mann ein wenig weniger nach Rasierwasser geduftet hätte. Auf Marlis schien er jedenfalls großen Eindruck zu machen. Ihre Wangen glühten unter dem Rouge, sie kicherte und lachte und schmachtete diesen Hipster geradezu an.

„Ah, Herr Russe“, rief Laumann, der Annamirl die Tür aufhielt. „Schön, dass Sie es einrichten konnten …“

„Aber das ist doch selbstverständlich.“ Der blonde Mann zwinkerte Marlis zu und folgte Laumann dann in sein Büro.

Marlis schaute ihm verträumt hinterher.

„Sie beide kennen sich näher, oder?“, fragte Annamirl.

Marlis schreckte auf.

„Äh. Aber nein. Wie kommen Sie denn darauf?“, fragte sie mit hochrotem Kopf und fuhr sich mit beiden Händen durchs Haar.

„Oh, ich wollte Sie nicht in Verlegenheit bringen“, versicherte Annamirl. „Aber man konnte sehen, dass Sie sehr vertraut mit dem jungen Mann waren. Ein sehr gutaussehender junger Mann. Und er wirkt sehr sympathisch.“ Sie lächelte Laumanns Assistentin aufmunternd zu. „Das ist doch der Neffe von Frau Russe, oder?“

„Ja, das ist Michael …“ Marlis zupfte verlegen an ihrer Bluse herum. „Sie werden doch Doktor Laumann nichts sagen?“

„Aber Kind, was soll ich ihm denn nicht sagen? Was ist denn so schlimm daran …“

„Na ja, Michael ist ein Mandant, und ich …“ Marlis zögerte. Dann brach es aus ihr heraus: „Wir sind so gut wie verlobt! Na ja, eher heimlich verlobt, wissen Sie?

Aber wir sind sehr diskret und müssen höllisch aufpassen, damit der Chef nichts mitbekommt. Und als Frau Russe noch lebte … sie hat mich nie gemocht. Ich glaube, es gibt keine Frau auf der Welt, die gut genug für ihren Michael war. Aber wenn die ganze Angelegenheit mit dem Erbe und so abgeschlossen ist, das dürfte ja nicht allzu lange dauern, dann können wir endlich heiraten."

„Von mir erfährt niemand etwas", versprach Annamirl. „Wir wollen doch nicht, dass Sie Ärger bekommen, nicht wahr?"

Sie nickte der jungen Dame noch einmal freundlich zu und verabschiedete sich.

Als sie, wieder auf der Straße, zu ihrem Wagen ging, fiel ihr ein Café auf der anderen Straßenseite auf. *Elli's Cafe* prangte da in großen weißen Buchstaben über dem Eingang. Typisch, dachte Annamirl, erst einen überflüssigen Apostroph hinter Elli einfügen und dann den Akzent über dem e bei Café weglassen. Sie hatte sich als Englischlehrerin immer so bemüht, ihren Schülern die richtige Nutzung des Apostrophs beizubringen. Und dann kamen die aus der Schule und sahen so etwas! Trotzdem, das kleine Café sah ausgesprochen einladend aus. Und sie hatte noch ein wenig Zeit, bis Odin und Loki ausgeführt werden mussten. Also überquerte Annamirl die Straße und nahm auf einem der Stühle an einem freien runden Tischchen Platz. Für April war es schon ziemlich warm, und wenn sie die Jacke anbehielt, würde sie bestimmt nicht frieren. Ein Milchkaffee war jetzt genau das, was sie brauchte. Sie hatte es sich schließlich verdient, sich selbst ein wenig zu belohnen, nachdem sie jetzt endlich das leidige Thema mit dem Testament angegangen war. Einen Moment lang überlegte sie, ob sie sich auch eines der appetitlichen Kuchenstücke gönnen sollte. Doch dann entschied sie sich dagegen. Marina, ihre sizilianische Nachbarin, versorgte sie beinahe ständig mit süßen Leckereien. Ich sollte wirklich ein wenig auf meine Linie achten, dachte Annamirl, ich kann schließlich nicht meine ganze Garderobe wegwerfen und alles neu kaufen.

Aber ein wenig in der Sonne sitzen und zum Kaffee die Leute beobachten, die vorbeigingen, das war jetzt genau das Richtige.

03

Mirko Novak war sichtlich nicht wohl in seiner Haut, als er mit Auerbach durch Klesingers Wohnung ging.

„Es sieht alles so leer aus ohne ihn“, klagte er.

„Tut mir wirklich leid, dass ich Eahna des zumuten muss, aber wir müssen wissen, ob was g’stohlen worden ist“, entschuldigte sich Auerbach. „Es könnt’ uns einen Hinweis geben, wer Ihren Freund um’bracht hat.“

„Ja, das verstehe ich natürlich.“ Novak seufzte. Er wanderte durch das Wohnzimmer und musterte die einzelnen Gegenstände. „Hier, die hat ihm eine Dame aus dem Urlaub in Italien mitgebracht.“ Er hob die Bronzefigur eines sehr leichtgeschürzten Mädchens auf. „Und die hat er bekommen, als er eine Dame zu ihrem Haus in Griechenland begleitete.“ Er deutete auf eine andere, die zur Abwechslung einen jungen Mann zeigte, auch nur sehr spärlich bekleidet.

„Ihr Freund kam ganz schön rum.“ Auerbach brannte eine Frage auf den Lippen. Schließlich gab er sich einen Ruck: „Hatte er eigentlich … äh … feste Preise?“

Novak schaute ihn erst verständnislos an, dann lachte er auf: „Nein, so war das nicht! Die Damen zahlten für das Essen, das Theater, den Urlaub … für Kleidung, wenn sie ihn besonders ausstaffieren wollten, zum Beispiel, wenn er sie zu einem Empfang begleiten sollte. Hin und wieder steckten sie ihm auch Geld zu. Aber nur, wenn sie das von sich aus wollten. Und sie machten ihm Geschenke. Meistens Kunst. Manches behielt er, manches verkaufte er weiter."

„Ein bisserl unsicher. Was, wenn mal nix Passendes dabei war?"

„Das Problem hatte Arnie nie." Novak schüttelte den Kopf.

„Und er hat all die Frauen beim Tanzen kenneng'lernt?"

„Oh nein! Die Dame mit dem Haus in Griechenland hat er zum Beispiel bei einer Vernissage getroffen."

„Wissen Sie vielleicht, wo er Frau Russe her kannte?" Auerbach hatte sich darüber bereits länger den Kopf zerbrochen. Nach dem, was Patrick und Julia bisher über sie erzählt hatten, konnte er sich überhaupt nicht vorstellen, dass sie gerne zum Tanzen oder zu einer Kunstausstellung ging.

„Oh, das war recht lustig." Novak lächelte wehmütig. „Er war einkaufen, und, als er aus dem Supermarkt kam, stand da Frau Russe und schimpfte auf einen kleinen Hund ein, der dort angeleint war. Der arme Kerl war ganz zusammengekauert und hat am ganzen Körper gezittert. Und von seinem Besitzer war nichts zu sehen. Arnie hatte Mitleid mit dem verängstigten Hund. Also sprach er Frau Russe an, um sie zu beruhigen. Die hat dann erst einmal eine Schimpftirade auf Arnie losgelassen. Sie dachte wohl, der ‚kläffende Köter', wie sie es nannte, würde ihm gehören. Aber Arnie konnte schon immer gut mit so etwas umgehen und schaffte es tatsächlich, sie zu beruhigen und sanfter zu stimmen. Am Ende lud er sie zum Kaffee ein. Von da an trafen sie sich öfter."

„Und wie kam er so aus mit ihr? Angeblich war sie doch ein …", Auerbach überlegte, wie er es ausdrücken sollte, „eher schwieriger Charakter. Oder nicht?"

„Ja, das war sie bestimmt", grinste Novak. „Aber sie konnte auch anders. Arnie meinte, wenn man den Kavalier bei ihr rauskehrte – den Stuhl zurechtrückte, die Tür aufhielt und in den Mantel half – dann hatte man schon fast gewonnen. Sie mochte es auch, wenn man ihr Komplimente machte. Allerdings nicht über ihr Aussehen – sie wollte, dass man ihren scharfen Verstand und ihre Bildung bemerkte. Arnie meinte, sie sei sehr verbittert, weil ihr Neffe seine Besuche nur als Pflichtübung ansah, um sein Erbe zu sichern. Und seine Freundin konnte sie nicht ausstehen."

„Er hat ja recht ausgiebig mit Ihnen drüber g'redt."

„Mit wem hätte er denn sonst reden sollen? Etwa mit einer der anderen Damen?" Novak zuckte mit den

Schultern. „Wir standen uns nahe“, fügte er leiser hinzu. „Er war mein Mentor.“

„Hat er Ihnen auch gesagt, dass er der Erbe von Frau Russe ist?“

„Wenn er es gewusst hätte, hätte er mir das, glaube ich, schon erzählt. Aber er hat es nie erwähnt. Also hat er es wohl selber nicht gewusst.“ Novak ließ noch einmal den Blick schweifen, dann stellte er fest: „Also, soweit ich sehen kann, fehlt hier nichts.“

„Gibt’s hier irgendwas von Wert, auf das es der Täter vielleicht abg’sehn hat?“, wollte Auerbach noch wissen, um auch diese Möglichkeit auszuschließen.

„Nein. Die Kunstwerke sind zwar nicht billig, aber so wertvoll …“ Novak zögerte.

„Ja?“, bohrte Auerbach nach.

„Arnie hatte eine Pistole. Ich habe mich immer unwohl gefühlt bei dem Gedanken, dass er sie hier zwischen den Messern in der Küche aufbewahrt. Immer wieder habe ich ihm gesagt, er soll sie loswerden. Aber er fand das cool. Als ich ihm keine Ruhe ließ, hat er sie aber entsorgt. Ich dachte nur, falls jemand auf die Waffe scharf war ...“

„I versteh’ scho. Hat der Herr Klesinger einen Waffenschein g’habt?“

„Nein.“

„Und wo hatte er die Waffe her?“

„Keine Ahnung. Aber das ist ja auch egal. Sie ist weg.“

„Wo ist sie denn g’wesen?“

„Hier in der Schublade.“ Novak zog sie auf. „Sehen Sie: weg.“

Auerbach sah skeptisch drein. Wahrscheinlich hatte Novak recht. Der Mörder hatte die Wohnung nicht durchsucht, und die Schublade war zu gewesen. Klesinger war außerdem von hinten erschlagen worden, hatte sich also nicht bedroht gefühlt. Trotzdem. Er musste im Hinterkopf behalten, dass es da eine illegale Waffe gegeben hatte.

Novak ging noch einmal durch alle Zimmer. Doch es fiel ihm nichts auf.

„Tut mir leid, dass ich Ihnen nicht helfen konnte“, meinte er schließlich und machte sich auf dem Weg zur Tür. Er schien es eilig zu haben, die Wohnung wieder zu verlassen. Direkt vor der Wohnungstür aber blieb er stehen. Er deutete auf den Kleiderständer, der dort stand.

„Sein Mantel fehlt“, stellte er fest. „Ein heller Trenchcoat von Pierre Cardin. Der hing immer hier.“ Fragend wandte er sich zu Auerbach um. „Er wird ihn ja wohl kaum in der Küche getragen haben, oder?“

„Nein“, gab Auerbach grimmig zu, „das hat er definitiv nicht.“

04

„Bist du sicher, dass wir hier richtig sind?“ Patrick verglich skeptisch die Adresse auf seiner Liste mit dem, was sie vor sich hatten.

„Klar bin ich mir sicher. Warum?“ Julia machte ein verdutztes Gesicht.

„Na ja, das ist ein Brautmodenladen.“

„Ja, und?“

„Die verkaufen Brautkleider und so.“

„Üblicherweise, ja. Wieso?“

„Ich weiß auch nicht. Irgendwie passt das nicht zusammen.“ Patrick suchte nach den richtigen Worten. „Ich meine, hier werden lauter verliebte Leute eingekleidet, aber die Inhaberin braucht einen Witwentröster?“ Er nutzte jetzt lieber den Ausdruck, den Annamirl aufgebracht hatte. Irgendwie klang der passender als ‚Gigolo’.

„Sowas soll vorkommen.“ Julia zuckte mit den Schultern und stieß die Tür zum Laden auf.

In einem Brautmodengeschäft war Patrick noch nie gewesen. Wo er auch hinschaute: Überall weiß. In den Ecken standen Schaufensterpuppen in langen Kleidern aus weißem Tüll und Spitze, an den Wänden entlang gab es Kleiderstangen voller weißer Kleider, dazwischen hingen große Bilder von Frauen ganz in Weiß.

Patrick war richtig froh, als er einen Kleiderständer entdeckte, an dem Kleider in zartem Rosa und hellem Braun hingen. Oder nannte man das gar nicht braun, sondern cremefarben? Vielleicht auch Eierschale … egal, jedenfalls war es nicht Weiß, zumindest nicht so richtig. Wo kein Kleid war, hing garantiert ein Spiegel, oder stand ein Blumenarrangement. Außerdem gab es noch einige Stühle mit weißen Hussen und im Hintergrund ein abgetrennter Bereich. Wahrscheinlich die Umkleidekabine, wenn auch bemerkenswert groß, und natürlich mit weißen Vorhängen.

„Das ist ja wie in ‚Whiteout'", bemerkte er.

„Whiteout?"

„Na, der Kinofilm. Spielt in der Antarktis. Drei Forscher werden umgebracht und der Winter naht und …"

„Was für Filme schaust du denn an?"

„Er ist spannend! Sandra fand ihn auch gut."

„Aha." Julia schien nicht begeistert. „Apropos Sandra: In welches Kleid würdest du sie stecken?"

„Ich? Sandra? Äh …" Mit dieser Frage hatte sie Patrick kalt erwischt. „Wieso? Wir sind doch erst ein Jahr zusammen! Über so etwas haben wir noch gar nicht geredet."

„NOCH gar nicht?"

Irrte er sich, oder schaute Julia jetzt irgendwie enttäuscht?

Patrick kam nicht dazu, sich genauer Gedanken darüber zu machen, denn wie aus dem Nichts trat eine Frau zu ihnen. Sie mochte Mitte vierzig sein, schlank, mit dunklem Haar und sehr gepflegt, fand Patrick. Das Haar war zu einem ‚Shaggy Bob' geschnitten. Patrick war enorm stolz auf sich, dass er die Bezeichnung für diesen Schnitt kannte. Auch wenn es nur daran lag, dass Sandra ihn erst vor kurzem gefragt hatte, wie sie ihm mit so etwas gefallen würde – und ihm dann lang und breit erklärt hatte, was mit ‚Shaggy' gemeint war. Diese Frau jedenfalls trug so eine Frisur.

Auch Julia musterte die Dame und fand, dass der Haarschnitt deren schmales Gesicht sehr vorteilhaft betonte. Und es wirkte, als ob die Dame gerade erst vom Friseurstuhl aufgestanden wäre. Überhaupt wusste diese Frau ihre Vorzüge hervorzuheben. Ihre grünen Augen wurden durch Kajal und etwas Lidschatten betont. Das jadegrüne Kleid passte perfekt zur Augenfarbe. Genau wie die Kette. Vermutlich auch Jade. Vielleicht aber auch Achat.

„Herzlich willkommen", sagte die Dame. „Was kann ich für Sie tun? Sie haben, glaube ich, keinen Termin …"

„Wir würden gern Frau Häusler sprechen. Ich hatte angerufen …" Julia zückte ihren Ausweis. Patrick folgte ihrem Beispiel.

„Ach so.“ Die Dame betrachtete die Ausweise ausgiebig. „Vielleicht gehen wir besser nach hinten ins Büro.“

„Zu Frau Häusler?“

„Ich bin Frau Häusler. Barbara Häusler.“

Patrick war baff. Hatte Julia nicht gesagt, Barbara Häusler ginge auf die sechzig zu? Und überhaupt, wieso sollte eine solche Frau es nötig haben, einen Mann für seine Dienste zu bezahlen?

Das Büro erwies sich als gemütlicher Raum, in dem die Farbe Weiß kaum zu finden war, was Patrick irgendwie erleichterte. Frau Häusler wies auf ein blaues Sofa, das in einer Ecke stand:

„Nehmen Sie doch Platz. Kaffee? Oder lieber ein Mineralwasser? Champagner biete ich Ihnen wohl besser gar nicht erst an ...“

Julia und Patrick lehnten dankend ab und nahmen auf dem Sofa Platz. Barbara Häusler setzte sich auf ihren Bürostuhl.

„Sie kommen also wegen Arnold“, stellte sie fest und verzog ein wenig spöttisch den Mund. „Und Sie fragen sich garantiert, wie eine Frau wie ich an so jemanden geraten konnte.“

„Äh. Nun, es ist nicht unbedingt naheliegend“, stotterte Patrick und kam sich ziemlich blöd vor.

„Finden Sie? Nun, ich erzähle Ihnen gern die ganze Geschichte.“ Barbara Häusler schlug die Beine übereinander. „Ich bin eine erfolgreiche Geschäftsfrau. In meinem Laden gibt es nur exklusive Modelle, zum Teil nach meinen eigenen Entwürfen. Ich habe mir alles hart erarbeitet. Ein Mann hatte da keinen Platz in meinem Leben. Für unnötige Komplikationen blieb mir einfach keine Zeit. Ich habe auch nie etwas vermisst. Aber dann kam dieses Klassentreffen … Nach vierzig Jahren sollten wir uns alle wieder treffen, ist das zu glauben? Nun ja …“ Sie machte eine wegwerfende Handbewegung. „Ich war tatsächlich neugierig, was aus meinen Mitschülerinnen so geworden war. Und ich wollte auch ein wenig mit meinem Erfolg angeben, das gebe ich gerne zu. Wir waren eine reine Mädchenklasse, und ich war die kleine graue Maus, der nie jemand sonderlich viel zugetraut hatte. Die beiden Monikas waren die Stars, um deren Freundschaft jeder buhlte.“ Sie lachte auf. „Die eine ist jetzt Hausfrau mit drei Kindern und ziemlich in die Breite gegangen … Aber das interessiert Sie vermutlich weniger. Jedenfalls, ich freute mich auf das Treffen, bis mir einfiel, dass mir bei allem Erfolg etwas fehlte: Ich war Single ... nicht verheiratet … noch nicht mal geschieden. Wie gesagt, mich störte das gar nicht, aber für meine ehemaligen Klassenkameradinnen war damit der Fall erledigt: Die graue Maus war eben doch immer noch eine graue Maus. Und ich wollte so gern ein perfektes Bild abgeben. Ich erzählte einer Freundin von meinem Problemchen, und die riet mir, doch mal ins *Weinzierl* in Dachau zu gehen. Ein Lokal, in das ich normalerweise nie einen Fuß setzen würde. Aber ich dachte mir, dass es ja kaum schaden kann, und ging hin. So lernte ich Arnold kennen. Er sah gut aus, geschmackvoll gekleidet und mit ausgezeichneten Manieren. Er verstand es, angenehm zu plaudern. Ich engagierte ihn, mich zu dem Klassentreffen zu begleiten. Es war ein voller Erfolg." Sie lächelte. „Auch wenn ich die eine oder andere Andeutung mitbekam, dass dieser Mann doch ein wenig zu jung für mich sei. Letztlich haben mich alle beneidet, und ich war zufrieden."

„Sie waren nur das eine Mal mit ihm zusammen?"

„Ich … nein." Frau Häuslers Lächeln erlosch. „Arnold war nicht nur ein angenehmer Gesprächspartner, er konnte auch gut zuhören. Ich ... wie soll ich sagen ... ich genoss seine Gesellschaft." Sie faltete die Hände in ihrem Schoß und senkte den Blick. „Natürlich war mir klar, dass er letztlich mit mir zusammen war, weil ich ihn dafür bezahlte." Sie schaute alarmiert auf: „Also, nicht direkt bezahlte, verstehen Sie mich bitte nicht falsch. So einer war Arnold nicht. Ich machte ihm Geschenke, übernahm die Rechnungen. Und im Gegenzug war er charmant und aufmerksam. Hin und wieder tut einer Frau so etwas gut."

„Wie weit ging die Beziehung?", wollte Julia vorsichtig wissen.

„Beziehung würde ich das gar nicht nennen. Wir trafen uns hin und wieder zum Essen. Er begleitete mich in die Oper und ins Theater oder zu einer Ausstellung.“ Sie musterte Julia kurz mit einem belustigten Blick. „Wollen Sie wissen, ob er gut im Bett war? Ich habe keine Ahnung.“

„Sie waren also nicht intim miteinander?“

„Nein. Alles rein platonisch.“ Frau Häusler schenkte den beiden ein überlegenes Lächeln.

„Haben Sie denn da nichts vermisst?“

„Meine liebe Frau … Weyer, richtig? Meine liebe Frau Weyer für so etwas gibt es ausgezeichnete Vibratoren.“ Mit sichtlicher Befriedigung sah Frau Häusler, wie Julia ein verdattertes Gesicht machte. Dann erhob sie sich. „Wenn das alles ist ...“

„Wir müssen Sie noch fragen, wo Sie vor zwei Wochen waren. Reine Routine, verstehen Sie?“

„Vor zwei Wochen? Ist es da passiert?“ Frau Häusler schluckte. Doch dann nahm sie sich zusammen und trat an ihren Schreibtisch, um einen Blick in ihren Terminkalender zu werfen: „Vor zwei Wochen? Da war ich in Frankfurt auf einer Hochzeitsmesse. Vier Tage insgesamt. Ohne Begleitung, aber man kennt mich in Kollegenkreisen. Sie werden bestimmt eine Menge Leute finden, die mich dort gesehen haben.“

05

„Du wirst es kaum glauben, Monika, aber es gab doch einen Mord!“

„Ich wusste es! Was war es? Sie wurde bestimmt vergiftet, oder? Hat man ihr doch Digitalis gespritzt?“

„Nein, Afra Russe starb immer noch eines natürlichen Todes. Aber ihr Erbe wurde erschlagen.“

„Was denn, der Neffe?“

„Dem Neffen geht es gut. Nein, der junge Mann, den die Nachbarin erwähnt hat. Der wurde erschlagen.“

„Den hab ich ganz vergessen.“ Monika klang ein wenig betreten. „Dann war das doch bestimmt der Neffe, der an das Erbe kommen wollte. Oder, halt! Wenn der junge Mann jetzt gestorben ist, erben ja dessen Verwandte und nicht der Neffe, oder?“

„Im Prinzip ist das richtig. Aber er als er getötet wurde, war Frau Russe noch am Leben.“

Eine Weile war es still in der Leitung. Monika musste diese Nachricht erst einmal verdauen.

„Das wird mir jetzt zu kompliziert“, gab sie schließlich zu. „Wir sollten uns treffen.“

„Ja, genau. Heute Abend. Ich hole dich ab. Und mach dich hübsch. Wir gehen tanzen.“

„Wir ... was?“

„Wir gehen tanzen. Ich erkläre es dir, wenn ich dich abhole."

„Ich glaub nicht, dass der Bernd tanzen gehen will. Außerdem ist er heute Abend bei einer Sitzung vom Golfclub."

„Umso besser. Wir wollen ja auch ohne ihn gehen."

Monika antwortete nicht gleich. Anscheinend musste sie sich das erst einmal durch den Kopf gehen lassen.

„Na gut", sagte sie schließlich. „Das dürfte immerhin aufregender werden als das Fernsehprogramm heute. Ich dachte schon, mir würde nur die zigste Wiederholung von ‚Inspektor Barnaby' bleiben. Wäre mein braunes Kostüm in Ordnung?"

„Hast du kein Kleid mit einem schwingenden Rock?"

„Spinnst du jetzt?"

„Hast recht. Wir gehen beide nicht mehr als Ginger Rogers durch. Und Fred Astaire wird wohl auch nicht auftauchen. Ich hol dich um halb acht ab, in Ordnung?"

„Ist gut. Ich bin gespannt."

06

Auerbach war wider Willen beeindruckt von Michael Russes Wohnung. Großzügig war sie und hell. Vor allem, weil die Räume durch das zweite Stockwerk auch ziemlich hoch waren. Eine offene Treppe führte dort hinauf. Da oben war vermutlich das Büro von Russe. Viele große Fenster. Wahrscheinlich im Winter schwer zu heizen. Die Ausstattung des Wohnzimmers, in dem er jetzt stand, gefiel ihm wiederum weniger. Lauter Möbel in Hellgrau mit viel Chrom. Schränke und Regale waren weiß. Der einzige Farbtupfer war ein abstraktes Gemälde an der Wand über dem einen der beiden Sofas. Keine Pflanzen. Alles ziemlich steril, aber schon irgendwie schick und bestimmt sauteuer.

Russe bot Auerbach einen Platz auf dem Sofa an und setzte sich selbst in einen Sessel.

„Was gibt es denn noch? Ich dachte, es wäre geklärt, wie meine Tante gestorben ist." Er wirkte genervt.

„Ich bin nicht wegen dem Tod von Ihrer Tante da." Auerbach lächelte Russe freundlich an. „Sondern wegen dem von Arnold Klesinger."

„Wer soll das denn sein?"

„Ein Freund Ihrer Tante."

„Oh! Ja, Herr Laumann hat mich informiert, dass da jemand war, der meine Tante beerben sollte, aber bereits verstorben ist. Er meinte, damit träte die gesetzliche Erbfolge wieder ein, und so bin ich der einzige Erbe. Ich hab mir den Namen von dem früheren Erben nicht gemerkt. Klesinger sagen Sie?"

„Arnold Klesinger, ja."

„Meine Tante hat nie etwas davon gesagt. Vielleicht wollte sie mich ja ärgern. Sie hat sich immer beschwert, dass ich sie zu selten besuche." Er machte eine wegwerfende Handbewegung. „Am liebsten hätte sie mich täglich bei sich gehabt. Sie hat sogar vorgeschlagen, dass ich zu ihr ziehe. Das müssen Sie sich mal vorstellen!" Er lachte kurz auf. „In diese Bruchbude von ihrem Haus! Und mal ehrlich: Ich glaube, ich hätte sie umgebracht, wenn ich sie öfter als einmal in der Woche gesehen hätte. Sie hatte wirklich Haare auf den Zähnen." Er fuhr sich übers Haar, was seinen Pferdeschwanz ein wenig in Unordnung brachte. „Hören Sie, ich würde jetzt gerne eine rauchen. Kommen Sie mit auf den Balkon? Oder gehen wir in mein Büro. Da rauche ich immer. Ich mag kalten Rauch im Wohnzimmer nicht, aber da oben ist es mir egal."

„Dann geh'n wir nauf", entschied Auerbach. Er war ohnehin neugierig, wie es in diesem Architekturbüro aussah.

Russe ging also vor ihm die Treppe hinauf, öffnete eine Tür und winkte Auerbach in einen Raum, der an einer Seite von einer Wandschräge beherrscht wurde.

Zwei große Gaubenfenster spendeten Licht. Ein wenig enttäuscht stellte Auerbach fest, dass außer einem großen Zeichentisch und einem Computer nicht viel zu sehen war. Auf dem Tisch lag ein ganz gewöhnliches Geodreieck und etwas, das auf den ersten Blick wie ein großes ‚T' aussah, aber mit einer Skala am Stil. Daneben lag noch ein viereckiges Plastikding mit allerlei Löchern drin, mal viereckig, mal rund, in verschiedenen Größen und unterschiedlich angeordnet. Das war bestimmt zum Einzeichnen von Tischen und Stühlen und solchen Sachen, schloss Auerbach. Eigentlich hatte er ein paar Modelle von Häusern erwartet: Entwürfe des Architekten Russe, ganz modern mit viel Glas und Stahl und so. Das hätte seiner Meinung nach gut zu dem Typen gepasst. Aber da war noch nicht einmal das Modell einer Hütte. Es gab auch keine Fotos von Gebäuden. Viel schien der Kerl ja noch nicht gebaut zu haben.

Einige Stapel Papier lagen noch herum, einige mit Ausdrucken, einige mit Zeichnungen. Auerbach griff nach einer davon.

„Ist das von Ihnen?"

„Nein, das ist der Grundriss eines Hauses, das ich umbauen soll. Der Eigentümer will den Wohnbereich vergrößert haben und einen Wintergarten. Außerdem findet er die Küche zu groß. Womit er recht hat. Das Haus ist aus der Biedermeierzeit: Damals brauchte man noch große Küchen mit Speisekammer und Spülküche. Das ist heutzutage überflüssig. Das Problem ist, dass man nicht einfach Wände rausreißen kann, wie es einem passt. Es soll ja nicht gleich alles einstürzen. Und der Denkmalschutz will auch noch ein Wörtchen mitreden."

„Ich hab immer 'dacht, Architekten bauen neue Häuser."

„Modernisierung, Ausbau und Aufstockung – darum geht es heutzutage, so knapp wie Bauplätze sind." Russe verzog den Mund, während er sich eine Zigarette ansteckte. „Setzen Sie sich doch." Er deutete auf einen freien Stuhl. „Aber Sie sind ja auch nicht hier, um meine Arbeiten anzusehen, nicht wahr? Also, wie gesagt. Ich dachte, dieser Klesinger wäre eine Bekanntschaft von früher und Tante Afra hätte ihn mir früher oder später unter die Nase gerieben, um mich dazu zu bekommen, mehr Zeit bei ihr zu verbringen. Ein Verflossener oder so."

„Arnold Klesinger war keine Jugendliebe oder sonst jemand im Alter Ihrer Tante." Auerbach ging gar nicht erst auf die Ausführungen von Michael Russe ein. „Er war erst sechsunddreißig, als er starb."

„Nanu? Dann vielleicht ein Altenpfleger? Obwohl meine Tante nichts von solchen Einrichtungen hielt ..."

„Er war in den letzten Wochen der Begleiter von Frau Russe." Er wusste selbst nicht so recht warum, aber Auerbach genoss es, dass Michael Russe jetzt ein ziemlich dummes Gesicht machte. Der Typ war ihm einfach zu glatt, zu geschleckt. Ein Mensch, der viel zu viel Wert auf äußere Erscheinung und Statussymbole legte, gern seine Erfolge raushängen ließ und auf Durchschnittsmenschen herabschaute. ‚Teflonbeschichtet' hatte Auerbachs Frau das mal genannt, nach außen glatt und sauber und keiner weiß, was drunter ist. Das fand er sehr passend. Aber anscheinend hatte die Beschichtung von Michael Russe jetzt einen kleinen Kratzer abgekriegt.

„Ihr Begleiter? Wie soll ich das verstehen?", wollte Russe irritiert wissen, nachdem eine Weile Schweigen geherrscht hatte.

„Zu meiner Zeit hätt' man g'sagt, dass er Ihrer Tante schön getan hat." Auerbach zuckte die Schultern. „Er hat sie b'sucht, Ausflüge mit ihr g'macht …" Genaugenommen wusste Auerbach gar nicht wirklich, was Klesinger mit der Russe gemacht hatte, aber so etwas in der Art würde es wohl gewesen sein. „Hat ihr Komplimente g'macht, war mit ihr tanzen … sowas halt."

„Mit meiner Tante?" Russe riss die Augen auf.

Auerbach nickte nur und unterdrückte ein Schmunzeln, während er beobachtete, wie Russe immer verwirrter wurde.

„Das kann ich mir beim besten Willen nicht vorstellen", erklärte der junge Mann schließlich. „Aber egal.

Ich hoffe, es hat sich für ihn ausgezahlt. Er hat sich ja bestimmt nicht aus Nächstenliebe um sie bemüht."

„Kaum. Kann schon sein, dass er auf das Erbe aus war. Aber daraus wurde ja nun nix. Immerhin war er schon tot, als Ihre Tante g'storben ist."

„Ja, ja, natürlich." Russe fuhr sich mit der Hand übers Gesicht. „War es ein Unfall?"

„Er wurde ermordet."

„Wie bitte?"

„Ermordet. Jemand hat ihm den Schädel eing'schlagen. Ein paar Tage, bevor Ihre Tante das Zeitliche g'segnet hat."

„Und wer hat ihm den Schädel eingeschlagen?"

„Das versuch'n wir etzad raus zum finden."

Russe starrte Auerbach eine Weile an. Dann ging ihm ein Licht auf: „Sie haben mich in Verdacht? Das ist ja lächerlich!"

„Wirklich?"

„Hören Sie, ich wusste doch gar nicht, dass es den Mann gibt!"

„Wofür wir bloß Ihr Wort hab'n."

„Es ist die Wahrheit. Außerdem: Wie konnte ich denn wissen, wann meine Tante stirbt?" Triumphierend hob Russe den Kopf.

„Das mussten Sie nicht", tat Auerbach diesen Einwand lächelnd ab. „Hauptsache, Frau Russe hat noch g'lebt, als der Mord passiert ist. Danach hab'n Sie in

Ruhe abwarten können. Da war ja dann keiner mehr, der zwischen Ihnen und dem Erbe war."

„Das ist absurd. Meine Tante hätte noch Jahre leben können!"

„Kaum." Auerbach lächelte noch immer.

„Außerdem bin ich ja nun wirklich nicht auf das Geld meiner Tante angewiesen!" Russes Gesicht hatte jetzt einen ungesunden roten Ton bekommen. „Ich habe eine eigene gutgehende Firma! Und SO reich war meine Tante ja nun auch wieder nicht!"

Auerbach war nicht beeindruckt. Er hatte Julia schon angewiesen, sich über die finanzielle Situation von Michael Russe zu erkundigen und auch beim Anwalt nachzufragen, welche Vermögenswerte Frau Russe hinterließ. Jetzt, da es sich wirklich um einen Mordfall handelte, war es nicht schwer, die erforderlichen Genehmigungen zu bekommen.

„Wie auch immer", schnitt er Russe das Wort ab, der gerade Luft holte, um weiter zu reden. „Ich muss Sie frag'n, wo Sie vor zwei Wochen war'n."

„Vor zwei Wochen?"

„Vierzehn Tag', wenn's Ihnen so lieber ist."

„Ich weiß, wie viele Tage zwei Wochen sind." Russe sah jetzt wirklich verärgert aus. „Also, da muss ich in meinen Terminkalender … nein, halt. Da war ich mit meiner Verlobten eine Woche in Urlaub. Ein Wellnesshotel im Bayerischen Wald. Ich kann Ihnen die Buchung raussuchen …"

„Tun Sie das. Und die Adresse und Telefonnummer von Ihrer Verlobten auch."

„Äh …" Russe kratzte sich unbehaglich am Hals. „Müssen Sie sie denn wirklich da mit hineinziehen?"

„Ja, das müssen wir."

„Aber sie kannte meine Tante praktisch gar nicht! Eigentlich nur so vom Sehen. Und das Hotel kann Ihnen doch auch bestätigen, dass wir da waren."

Auerbach zog die Augenbrauen hoch. Da ist was im Busch, dachte er. Das könnte noch interessant werden. Entweder durfte die Verlobte nichts davon wissen, dass Russe mit einem Mord in Verbindung gebracht wurde, oder sie hatte selbst Dreck am Stecken. Oder es gab vielleicht gar keine Verlobte. In seiner langen Laufbahn als Kriminalbeamter hatte Auerbach schon so einiges erlebt.

„Ich brauche den Namen und die Adresse von Ihrer Verlobten", beharrte er, „und die Telefonnummer."

07

„Ich hab als Nächstes eine Luise Hamann auf der Liste“, erklärte Julia. „Die ist Rentnerin. Ich hab angerufen, aber nur ihren Sohn erreicht. Der hat darauf bestanden, dabei zu sein, wenn wir seine Mutter befragen.“

„Das könnte haarig werden“, seufzte Patrick. „Aber wenn die Mutter das auch will, werden wir schlecht was deswegen machen können.“

Frau Hamann lebte in einem schlichten Wohnblock im zweiten Stock. Julia ignorierte den vorhandenen Aufzug und steuerte die Treppe an. Patrick lief ihr hinterher.

An der Tür wurden sie von einem Mann Mitte vierzig begrüßt. Der nimmt bestimmt immer den Aufzug, entschied Patrick mit einem Blick auf den unübersehbaren Bauch des Mannes.

„Grüß Gott“, riss der Mann ihn da aus seinen Überlegungen. „Ich bin der Christian Hamann. Sie woll’n zu meiner Mutter.“ Er lachte dröhnend. „Zwecks dem Verehrer von ihr, dem Arnold, oder?“

Nun, immerhin weiß der Kerl schon von Arnold Klesinger, überlegte Patrick, und anscheinend macht es ihm nicht viel aus. Das sollte die Befragung leichter machen.

Hamann führte Patrick und Julia einen dunklen Korridor entlang zu einem Zimmer an dessen Ende. Als sie eintraten, war Patrick erst einmal sprachlos: Es handelte sich offenbar um das Wohnzimmer. Ein Sofa, zwei Sessel, dazwischen ein niedriger Tisch, ein Regal, ein Fernseher und Teddybären. Viele, sehr viele Teddybären. Die Bären waren überall. Auf dem Sofa und den Sesseln, im Regal zwischen ein paar Büchern, rund um den Fernseher, auf dem Fensterbrett und sogar auf dem Boden. Sie saßen zum Teil in Gruppen beieinander, als würden sie sich unterhalten, oder nebeneinander mit der Schnauze Richtung Tür, als würden sie die Besucher erwartungsvoll anschauen. Mittendrin thronte eine kleine Frau mit schneeweißem Haar und einem breiten Lächeln. Anscheinend hatte sie sich für den Besuch herausgeputzt: Sie trug ein geblümtes Kleid und hatte sogar ein wenig Lippenstift aufgelegt.

„Griaß Eahna", rief sie fröhlich. „Sie sind wegen dem Arnold da, gell? So a liaber Bua. Aber setzen S' Eahna doch."

Patrick schaute sich um. Er wusste beim besten Willen nicht, wohin er sich setzen sollte. Beim Eintreten hatte er schon fast einen Teddy umgestoßen, der mit einer Angelrute vor einem Eimer am Boden saß. Julia schien es genauso zu gehen.

„Aber Mama!" Christian Hamann lachte. „Da müss'n wir erstmal Platz machen, ned wahr?" Er nahm die Teddybären von den beiden Sesseln und platzierte sie gekonnt auf der Rückenlehne des Sofas. Anscheinend machte er das öfter.

„Ach, du woaßt doch, da g'fällt's den Bärlis ned so“, klagte Frau Hamann, schaute aber weiterhin fröhlich drein. „Na ja, so lang werd's schon geh'n.“

Julia und Patrick stiegen vorsichtig über weitere Bären hinweg zu den freigeräumten Sesseln und setzten sich. Christian Hamann blieb stehen.

„Ich mach mal Kaffee“, sagte er und verließ das Zimmer.

„Also, was hat er denn ausg'fressen, der Arnold?“, erkundigte sich Frau Hamann liebenswürdig. „Wenn a Straf zum zahlen ist, mach i das gern.“

Oje, dachte Patrick, sie hat keine Ahnung, dass er tot ist.

„Leider geht es nicht nur um eine Geldstrafe“, begann er vorsichtig. „Es ist vielmehr so: Herr Klesinger ist leider tot.“

Wie er es hasste, solche Nachrichten zu überbringen!

Frau Hamann starrte ihn an. Langsam erstarb ihr Lächeln und machte einem ungläubigen Gesichtsausdruck Platz. Dann brach sie in Tränen aus.

„Der arme Bua!“, schluchzte sie. „Er war so ein liaber Kerl. Und er hat soviel g'wusst über meine kloana

Lieblinge. Er hat mir Sachern von der Margarete Steiff verzählt, die i noch gar ned g'wusst hab!"

Immerhin war jetzt klar, warum Klesinger Bücher über Teddybären in seinem Regal hatte.

„Oh mei, der arme Bua", jammerte Frau Hamann weiter, „aber er war doch ganz g'sund. War's a Unfall?"

„Es gibt Grund zur Annahme, dass er ermordet wurde", sagte Julia so teilnahmsvoll wie möglich.

„Oh mei, oh mei. Aber er war doch so liab!"

„Was ist los?" Christian Hamann kam eilig herein. „Mama, is ebbs mit dir?"

Er stürzte zu seiner Mutter und riss dabei ein paar Bären um. Aber Frau Hamann bemerkte es gar nicht.

„Jemand hat den Arnold um'bracht", weinte Frau Hamann.

„Och naa. Des ist ja furchtbar." Ihr Sohn quetschte sich zwischen sie und die Teddys, nahm sie in die Arme und wiegte sie hin und her. „Vielleicht könnt'n Sie ein andermal wiederkommen?", wandte er sich über ihren Kopf hinweg an Julia und Patrick.

Die beiden wechselten einen Blick und standen dann auf.

„Bleiben Sie ruhig sitzen, wir finden allein hinaus", murmelte Patrick und stieg dann vorsichtig über die Teddybären hinweg nach draußen, dicht gefolgt von Julia.

„Was hältst du von den beiden?", fragte Julia, als sie wieder im Auto saßen. „Anscheinend hat es dem Sohn nichts ausgemacht, dass Arnold Klesinger seine Mutter besuchte. Und so bereitwillig, wie sie eine Geldstrafe übernehmen wollte, hat sie bestimmt öfter mal was für ihn springen lassen."

„Ich gebe zu, das hätte ich nicht erwartet", meinte Patrick. „Entweder ist Christian Hamann ein sehr großzügiger Mann, oder er spielt seiner Mutter das nur vor …"

„Was natürlich bedeuten kann, dass er im Stillen einen ziemlichen Hass auf Klesinger aufbaute."

„Und das macht ihn zu einem Verdächtigen."

08

Annamirl hatte noch ein wenig Zeit, bis sie sich für den Tanzabend fertig machen musste. Also setzte sie sich auf ihre Couch und las einen Krimi. Loki sprang neben sie aufs Sofa und kreiste ein paar Mal. Dann lehnte er seinen Rücken an den Oberschenkel seines Frauchens, streckte seine vier Pfoten so weit wie möglich von seinem Körper weg und machte kleine Schnüffelgeräusche. Odin saß derweil mit schief gelegtem Kopf zu Füßen Annamirls. Doch dann machte er einen Satz und machte es sich auf der anderen Seite der Couch bequem. Annamirl schmunzelte zufrieden.

Nach etwa einer Dreiviertelstunde wurde es ihr jedoch ein wenig unbequem. Außerdem hatte sie sich ja eigentlich vorgenommen, sich um die Aufstellung für ihr Testament zu kümmern. Also wand sie sich so vorsichtig wie möglich zwischen den Hundekörpern heraus, um ihre Bankunterlagen herauszusuchen. Ein wenig wehmütig blätterte sie durch Kontoauszüge und Abrechnungen und erinnerte sich daran, wie verzweifelt sie gewesen war, als sie diesen Ordner zum ersten Mal zur Hand genommen hatte. Sechs Jahre war es jetzt her, dass Norbert nicht mehr nach Hause gekommen war. Sie wusste noch ganz genau, wie sie damals daheim auf ihn gewartet und allmählich angefangen hatte, sich Sorgen zu machen. Als es dann an der Tür klingelte, stand nicht wie erhofft ihr Norbert davor, der lediglich seinen Schlüssel vergessen hatte, sondern zwei Polizeibeamte. Annamirls Herz krampfte sich zusammen, und sie hatte das Gefühl, alles würde sich drehen, noch bevor einer der beiden den Mund aufmachte, um ihr zu sagen, dass ihr Mann nicht mehr heimkommen würde. Beide Männer waren blutjung, und ihnen war sichtlich nicht wohl in ihrer Haut. Trotzdem hätte Annamirl sie am liebsten angeschrien und ihnen an den Kopf geworfen, dass sie gemeine Lügner waren, obwohl sie es ja besser wusste.

Die Tage danach waren irgendwie verschwommen. Aber dann hatte Thomas seine Mutter an der Hand genommen und sie in das Zimmer geführt, das die Familie ein wenig großspurig „Papas Büro" genannt hatte. Er hatte sie an den Schreibtisch gesetzt und war mit ihr alles durchgegangen: Mehrere Bankkonten, ein Aktiendepot, eine Lebensversicherung. Annamirl hatte keine Ahnung gehabt, dass sie Aktien besaßen. Sie hatte Zeit ihres Lebens ein eigenes Bankkonto gehabt, den Rest hatte sie einfach Norbert überlassen.

Jetzt saß sie also wieder hier und machte eine Liste, die sie bei der Kanzlei Laumann abgeben wollte. Schon komisch, wie man dazu kam, sich um so etwas zu kümmern. Eigentlich hatte sie ja nur die Neugier zu dem Anwalt getrieben. Aber nach dem Gespräch mit ihm war ihr klar geworden, dass es wirklich sinnvoll war, sich um solche Erbsachen zu kümmern. Eigentlich hatte sie ja schon lange vorgehabt, ein Testament zu verfassen. Sie hatte es jedoch immer vor sich hergeschoben, vielleicht aus Aberglauben? Oder war es einfach Faulheit? Nein, Aberglauben war es sicher nicht. Eher eine Scheu vor dem Unvermeidlichen.

„Aber jetzt gehst du's wenigstens an", sagte sie laut zu sich selbst. „Und nun reiß dich mal zusammen, Mädel. Jetzt ist nicht die Zeit, sentimental zu werden. Wenn das alles erst einmal erledigt ist, wirst du dich viel besser fühlen. Dieser Doktor Laumann scheint ja ein kompetenter Mann zu sein."

Nachdenklich kaute sie an ihrem Bleistift. Da waren auch noch ein paar persönliche Kleinigkeiten, über die sie bestimmen wollte. Ihre Perlenkette sollte Schwiegertochter Lisa bekommen, auch wenn die dann vielleicht noch keine vierzig war. Annamirl musste grinsen: Dieses Problem würde sich von ganz allein erledigen. Und das Gemälde im Wohnzimmer war für Helga Ellmaier vorgesehen. Annamirl hatte keine Ahnung, ob das Bild viel wert war, aber Helga hatte es immer bewundert. Kein Wunder, das Motiv war schließlich ein Rosengarten. Und Helga liebte Rosen über alles. Gerade jetzt war sie in England, um eine neue Sorte zu begutachten und wenn möglich für ihren Garten zu kaufen. Und Monika? Die würde ihre Krimisammlung zu schätzen wissen. Darunter war sogar ein Buch, das Agatha Christie signiert hatte. Monika hatte sie schon immer darum beneidet.

Gerade als sie fertig war mit ihrer Liste, klingelte das Telefon. Thomas war dran und berichtete von den neuesten Urlaubserlebnissen: „Sylvia möchte unbedingt tauchen lernen. Und sie will Meeresbiologin werden."

„Wie kommt sie denn da drauf?"

„Wir waren im Tropen-Aquarium vom Zoo Hagenbeck. Die Mädchen haben zugesehen, wie einer der Tierpfleger gerade in voller Tauchermontur in einem Becken die Fenster saubergemacht hat. Und draußen stand ein anderer Pfleger und passte auf. Sylvia hat ihn gefragt, ob er aufpasst, dass kein Hai den Taucher beißt. Er hat ihr dann erzählt, dass die Haie gar keine blutrünstigen Monster sind und hat ihr seinen Liebling, einen Zebrahai, gezeigt."

„Und Sylvia war beeindruckt?"

„Ganz genau."

„Ist sie nicht noch ein bisschen zu jung für's Tauchen?"

„Na ja, ich hab im Internet nachgesehen. Es gibt sogar schon Tauchkurse für Achtjährige. Aber Lisa und ich sind davon gar nicht begeistert, und jetzt haben wir uns mit Sylvia darauf geeinigt, dass sie sich erst einmal in den Sommerferien am Schnorcheln versucht. Natürlich will sie jetzt unbedingt sofort eine komplette Ausrüstung einschließlich Schwimmflossen. Bisher meinte sie immer, die sind viel zu unpraktisch. Mal sehen, ob wir das aufschieben können, bis wir wieder daheim sind."

„Wie ich meine Enkelin kenne, will sie morgen wahrscheinlich schon wieder etwas ganz anderes werden."

„Ja, das könnte sein." Thomas lachte. „Und was treibst du so? Was macht das Yoga?"

„Dem Yoga geht's gut. Mir auch. Ich habe gerade eine Liste meiner Vermögenswerte aufgesetzt."

„Warum das denn?"

„Weil ich mein Testament machen will."

„Mutti! Ist alles in Ordnung? Bist du krank? Sollen wir nach Hause kommen?" Thomas klang alarmiert.

„Nein, Bub, alles ist gut." Annamirl hätte sich selbst treten können. Es musste ihr doch klar sein, dass Thomas sich Sorgen machen würde. „Es ist nur so, als ich diese Frau am See gefunden habe, wurde mir wieder bewusst, wie schnell es gehen kann. Wie leicht kann man einen Unfall haben. So wie dein Vater. Oder man wird krank. Oder man sitzt friedlich auf einer Bank und schläft ein und wacht nicht mehr auf."

„Nicht, wenn man gesund ist."

„Ja, gut, das ist dann eher unwahrscheinlich. Aber mal im Ernst. Ich hatte das schon lange vor und jetzt gehe ich es eben mal an."

Eine Weile herrschte Schweigen am anderen Ende der Leitung.

„Und es ist bestimmt auch alles in Ordnung?“, fragte Thomas dann misstrauisch.

„Ja, Bub, alles ist gut. Großes Ehrenwort.“

„Na gut. Aber warum wartest du nicht, bis ich wieder daheim bin. Ich könnte dir helfen.“

„Lass nur, ich bin zu einem Anwalt gegangen.“

„Zu einem Anwalt?“

„Ja. Er …“ Annamirl überlegte, wie sie es am besten formulierte. „Er wurde mir empfohlen.“

„Von wem?“

„Na ja. Sein Name fiel bei einer Unterhaltung.“

„Einer Unterhaltung?“

„Du weißt doch, wie das so geht, man unterhält sich mit den Leuten, und das Gespräch kommt irgendwann auf die Tote vom See … Karlsfeld ist nun nicht unbedingt dafür bekannt, dass laufend Verbrechen oder andere aufregende Dinge passieren …“, schnell redete Annamirl weiter, „jedenfalls fiel da der Name der Kanzlei Laumann, und ich dachte, ich schau einfach mal vorbei. Dieser Doktor Laumann ist sehr nett und vertrauenswürdig. Du kannst mich ja mal hinbegleiten, wenn du wieder da bist.“

„Das werde ich machen.“

„Gut!“ Annamirl war froh, dass Thomas nicht weiter nachgebohrte, während sie zugleich seine Übergriffigkeit ärgerte. Sie war schließlich keine senile alte Schachtel, die keine eigenen Entscheidungen mehr treffen konnte!

„Aber jetzt muss ich Schluss machen“, schloss sie entschieden das Thema Testament ab. „Ich will mich hübsch machen. Monika und ich wollen heute Abend ausgehen.“

„Das ist ja prima! Ein Theaterstück im Bürgerhaus? Welches ist es denn?“

Monika und Annamirl gingen öfter mal ins Bürgerhaus zu Theatervorstellungen, oder wenn ein Kabarettist dort gastierte. Doch im Moment stand nichts auf dem Plan.

„Nein, wir gehen nach Dachau zum Tanzen“, rückte Annamirl also wohl oder übel mit der Wahrheit heraus.

„Du warst doch schon seit Jahren nicht mehr tanzen!“, rief Thomas denn auch aus.

„Seit dein Vater gestorben ist“, bestätigte Annamirl. „Aber es hat immer Spaß gemacht, mit ihm tanzen zu gehen. Wir haben beschlossen, es mal wieder zu versuchen. Und nachdem Monikas Mann für so etwas nicht zu haben ist, gehen wir eben miteinander.“

„Und wohin geht’s?“

„Ins *Weinzierl*. Das ist ein Tanzlokal für ältere Leute. Monika hat davon gehört und es vorgeschlagen.“ Annamirl kreuzte die Finger und machte sich einen Knoten ins geistige Taschentuch, um ja nicht zu vergessen, Monika auf diese Version einzuschwören.

„Na, dann wünsche ich viel Spaß.“ Thomas klang schon wieder argwöhnisch, fragte aber nicht weiter nach. „Aber pass auf dich auf.“

09

Das Restaurant, in das Julia und Patrick gingen, war nicht besonders weit vom Polizeirevier entfernt. Es war ein gemütliches, italienisches Lokal mit kleinen Tischen, weißen Tischdecken und Stoffservietten, dunklen Holzstühlen, die Wände dekoriert mit kitschigen Bildern, die alle das Meer, malerische Dörfer und sehr viele Pinien zeigten.

Die beiden hatten sich einen Tisch in einer Ecke gesucht und Pizza und eine Flasche Rotwein bestellt. Nun saßen sie satt und zufrieden zusammen, jeder mit einem Limoncello vor sich. Während des Essens hatten sie über den Fall gesprochen und über lauter belanglose Dinge. Patrick war am Anfang ziemlich mulmig gewesen. Nach dem Gespräch mit Annamirl und später mit Sandra hatte er jedes Mal, wenn Julia etwas sagte, auf irgendeinen Hinweis gelauert, dass seine Kollegin ihn anbaggern wollte. Doch nun entspannte er sich allmählich. Also doch nur ein harmloses Treffen unter Kollegen, dachte er sich. Was Sandra da doch gleich wieder rein interpretiert hatte!

„Wir sind doch Freunde“, sagte Julia da unvermittelt. Sie schaute Patrick dabei nicht an, sondern hatte den Blick fest auf ihr Glas gerichtet, das sie mit beiden Händen hin- und herdrehte.

„Ja, natürlich“, stotterte Patrick. Er fühlte sich etwas überrumpelt. „Wir sind Kollegen. Und Freunde, ja.“

Julia schaute ihn immer noch nicht an, sondern nickte nur vor sich hin.

„Gute Freunde?“, bohrte sie dann weiter.

„Ähm, na ja …“ Patrick fuhr sich durchs Haar. „Das lässt sich schwer sagen. Es ist ja nicht so, als würden wir privat viel miteinander unternehmen. Oder viel über private Dinge sprechen …“

„Aber gute Kollegen?“

„Das auf jeden Fall!“

„Aber wenn ich Hilfe bräuchte, könnte ich zu dir kommen?“

„Natürlich. Brauchst du denn Hilfe? Ist etwas nicht in Ordnung?“

„Nein. Alles ist gut.“ Julia zuckte mit den Schultern, hob aber den Blick immer noch nicht. Stattdessen griff sie zur Weinflasche und schenkte sich den letzten Rest ins Glas. „Könnten wir noch eine Flasche haben?“, rief sie der Bedienung zu.

„Du lässt das Auto hoffentlich stehen“, scherzte Patrick, wenn auch ein wenig gezwungen. „Mir soll’s recht sein. Ich komm von hier aus ja zu Fuß nach Hause.“

Julia ging jedoch gar nicht darauf ein, sondern starrte weiter auf ihr Glas. Patrick fühlte sich wieder unbehaglich.

„Du kannst es mir sagen, wenn du Probleme hast“, drängte er. „Ich bin für dich da!“

Eine Weile herrschte Schweigen. Dann hob Julia endlich den Blick und lächelte Patrick an.

„Das ist lieb von dir. Aber wirklich – es geht mir gut.“ Sie legte den Kopf schief. „Es ist dir ernst mit Sandra, oder?“

„Ich … äh … ja, ich denke schon.“ Patrick wurde es heiß. Worauf wollte Julia hinaus? Welche peinliche Frage stellte sie wohl als Nächstes? Nicht dass es ihm peinlich war, über Sandra zu sprechen, aber irgendwie hatte er das Gefühl, dass es Julia überhaupt nichts anging. Ob Sandra vielleicht doch recht hatte?

„Weißt du, Sandra und ich, also, ich liebe sie, denke ich“, stotterte er.

„Oh, das ist definitiv ernst“, spöttelte Julia. Doch dann seufzte sie. „Denkst du, aus guten Kollegen könnten gute Freunde werden?“, fragte sie schließlich vorsichtig.

„Klar, warum nicht?“ Patrick atmete auf und fühlte sich gleichzeitig ein wenig heldenhaft.

10

Resi Auerbach war mit dem Abendessen beschäftigt, als ihr Mann nach Hause kam.

„Was gibt's denn?", fragte er und trat zu ihr an den Herd. „Riechen tut's schon mal guad."

„Schinkennudeln." Resi hielt ihm ihre Wange hin, und er platzierte pflichtschuldigst ein Bussi darauf. „Du kannst schon mal den Tisch decken."

„Mach ich." Gehorsam holte Auerbach Teller und Besteck aus dem Schrank und stellte sie auf den Küchentisch. Dazu kamen ein Weißbierglas und ein Wasserglas für Resi. Sie hatte vor Kurzem beschlossen, dass sie etwas für ihre Linie tun musste und trank jetzt kein Bier mehr. Auerbach fand das völlig übertrieben. Sie war ein wenig rundlich. Das stand ihr, fand er, sehr gut. Aber wenn sie sich etwas in den Kopf gesetzt hatte, war es am besten, das einfach zu akzeptieren und abzuwarten, bis die Phase vorbei war. Das hatte er mit den Ehejahren gelernt. Wie viele Jahre waren das eigentlich schon? Er rechnete nach und kam auf siebenundreißig. Ganz schön lang.

„So, los geht's." Seine Frau stellte die Auflaufform auf den Tisch und verteilte die Schinkennudeln auf die beiden Teller, während Auerbach sich sein Weißbier einschenkte. Dann sprang er nochmal auf und holte Resi eine Flasche Mineralwasser.

„Danke, das ist nett.“ Sie lächelte ihn an. „Und, was macht dein neuer Fall?“

„Ned viel. Anscheinend hat der Klesinger wirklich eine Menge Frauen kennt, und jetzt müss’ mer schaun, ob vielleicht eine was gegen ihn g’habt hat. Oder eins von den Kindern von dene Frau’n.“ Auerbach war immer ein wenig vorsichtig damit, was er seiner Frau erzählte. Andererseits wusste er, dass sie für sich behalten würde, was immer er ihr sagte. Seine Resi war keine Ratschkatl. Und sie hatte hin und wieder auch ganz gute Ideen. Und dass der Tote sich von Frauen aushalten ließ, würde ohnehin über kurz oder lang in den Zeitungen stehen.

„Es hoaßt, dass er’s drauf ang’legt hat, alte Frauen zu beerben.“

„Woher woaßt du denn des schon wieder?“ Auerbach schaute seine Frau fassungslos an.

„Steht in der Zeitung.“

„In welcher denn? Wir hab‘n doch gar koane abonniert.“

„Geh weiter, abonniert. Heutz’tag liest man des im Internet.“

Internet!? Auerbach konnte dem neumodischen Kram nichts abgewinnen.

„Soweit wir wissen, war die Russe die einzige, die ihm was vererben wollt'."

„Und der Neffe von der?"

„Steht von dem auch was in der Zeitung?"

„Nur, dass er der einzige Verwandte ist. Und da ist er doch verdächtig, oder?"

„Ja, der kommt natürlich auch in Frage."

Eine Weile aßen beide vor sich hin.

„Hast du dem Scholl inzwischen g'sagt, dass es ned so schlimm war mit dem USB-Stick?"

„Den Deifl werd i macha! Des war einfach saudumm von eahm." Auerbach nahm einen großen Schluck Bier. Seine Frau hatte aber auch wirklich ein zu gutes Gedächtnis. Er hatte seinen Ärger über Patrick eigentlich nur ganz kurz erwähnt.

„Ach komm! Du hast doch auch Fehler g'macht, als du jung warst." Resi schaute ihn schelmisch von der Seite an, „ich weiß noch, wie du …"

„Natürlich macht jeder mal was falsch", unterbrach Auerbach sie schnell. An Fehler wurde er nicht gern erinnert. „Und vielleicht war's ja auch wirklich ganz harmlos, was da auf'm Stick war. Trotzdem war's bläd von eahm. Aber immerhin …", Auerbach grinste, „den Fehler macht der Scholl nie wieder."

Resi wiegte den Kopf, nickte aber schließlich zustimmend.

„Ich hoff, du kriegst den Fall noch fertig, bevor du in Ruhestand gehst“, wechselte sie dann das Thema. „Klingt ja, als könnt’s länger dauern, bis ihr alle befragt habt.“

„Bis zu meiner Pension is noch a halbes Jahr hin!“

„Vier Monate.“

„Naa ... oder ... doch, stimmt.“ Plötzlich fühlte sich Auerbach unwohl. Die Zeit bis zu seiner Pensionierung verflog schneller, als ihm lieb war.

„Vier Monate“, wiederholte Resi fest. „Hast du‘s deinen Kollegen schon g‘sagt?“

„Naa.“

„Und wieso net? Die müssen‘s doch auch wissen.“

„Damit S‘ a Ausstandfeier machen können? Mit irgend so ein‘m bläden Abschiedsg‘schenk und lange Reden ...“

„Und mit ein‘m Essen, des du zahlen musst?“

„Ja, des auch. Aber des tät mich net stör‘n.“

„Seit wann denn des? Du bist doch noch nie freigiebig g‘wesen.“

Auerbach schaute seine Resi scharf an. Wollte sie irgendetwas damit andeuten? Womöglich, dass er geizig war? Nein, das war er sicher nicht, lediglich sparsam.

„Ich will halt net, dass so a Gfrett um mich g‘macht wird.“

„Oh mei, du Armer!“ Um Resis Mundwinkel zuckte es verdächtig. „So bescheiden kenn ich dich gar ned.“

„Des hat mit Bescheidenheit gar nix zum doa!“

„Oder willst am End doch noch verlängern? Du hast g‘sagt, ich kann mich drauf verlass‘n, dass Schluss ist.“

„Des stimmt ja aa!“

„Und du hast mir dann als erst’s an langen Urlaub versprochen.“

„Ja, richtig, des hab i.“ Auerbach erinnerte sich nur zu gut daran, dass seine Frau ihm so lange in den Ohren lag, bis er ihr dieses Versprechen gab. Damals war der Termin noch beruhigend weit weg gewesen. Aber nun gut, so zwei Wochen Urlaub im Bayerischen Wald oder in Südtirol wären ja vielleicht wirklich nicht schlecht. Gleich nach seinem Abschied vom Dienst würde er sich darum kümmern.

„Ich hab heut’ gebucht“, schreckte Resi ihren Mann da aus seinen Gedanken.

„Was hast du?“

„Gebucht.“

„Den Urlaub?“

„Freilich.“

„Is des ned a bisserl früh?“

„Naa. Wann wärst du das denn an’gangen? Am ersten Tag von deiner Rente? Des würd ja dann noch ewig dauern, bis was draus wird.“

Auerbach schaute seine Frau unglücklich an. Natürlich wusste er, dass sie im Grunde recht hatte. Er fuhr nicht gern in Urlaub. Schon gar nicht ins Ausland. Eine vertraute Umgebung mit vertrautem Essen und einer Sprache, die er verstand, das hatte für ihn etwas sehr Beruhigendes. Aber er hatte Resi nun mal versprochen, nach seiner Pensionierung einen langen Urlaub zu machen, wo auch immer sie hinwollte. Und Resi wollte bestimmt weit weg.

„Wo geht's denn hin?", fragte er beklommen.

„Karibik."

Kruzifix, eindeutig weit weg. Auerbach nahm noch einen großen Schluck Bier und stocherte dann in seinem Essen herum. Irgendwie hatte er keinen rechten Appetit mehr.

11

„Soll ich etwa behaupten, dass ich Witwe bin?" Monika war empört. „Das wäre nicht recht. Das wäre ja so, als würde ich Bernd ins Grab wünschen! Ich bin zwar wirklich nicht abergläubisch …"

„Deswegen hast du auch ein Hufeisen über der Tür hängen." Annamirl lächelte und warf Monika einen amüsierten Seitenblick zu.

„Das soll auch helfen, wenn man nicht dran glaubt", behauptete Monika fest, „das sagte schon Einstein."

„Ich dachte, das war Niels Bohr."

„Wer?"

„Ein dänischer Physiker, der für seine Schlagfertigkeit bekannt war."

„Aha."

„Außerdem sollst du gar nicht so tun, als wärst du Witwe. Sag einfach, dass dein Mann lieber Golf spielt, als Zeit mit dir zu verbringen. Sag, dass er dich vernachlässigt."

„Aber ich mag es doch, wenn er Golf spielt und ich tun und lassen kann, was ich will."

„Das musst du ja nicht dazu sagen."

Monika presste die Lippen zusammen und ließ sich das durch den Kopf gehen.

„Und du meinst, so finden wir raus, wer diesen Klesinger ermordet hat?“, wollte sie dann wissen. „Wie soll das denn gehen?“

„Na ja, ich denke, wir werden vielleicht mit der einen oder anderen Dame ins Gespräch kommen. Der Kerl muss da Stammgast gewesen sein. Und so jung, wie er war, ist er bestimmt aufgefallen.“

„Hoffentlich sitzen wir nicht den ganzen Abend rum wie bestellt und nicht abgeholt.“

„Wir können immer noch miteinander tanzen.“

„Auf keinen Fall! Das fand ich schon als Teenager abscheulich! Ich erinnere mich noch, wie unsere Sportlehrerin uns unbedingt Polka tanzen ließ, weil das angeblich so prima war, um den Rhythmus fürs Volleyball zu finden. Und wir waren ja nur Mädels, weil es keinen gemischten Sportunterricht gab.“

„Den gibt es, glaube ich, immer noch nicht. Aber so schlimm wird’s nicht werden. Wenn uns keiner zum Tanzen holt, gehen wir eben wieder.“

„Das wär aber peinlich.“

„Wieso denn? Und selbst wenn: Da sind lauter fremde Leute, die du im Leben nie wieder siehst. Es kann dir doch egal sein, was die denken!“

„Hm, ja, da hast du natürlich recht.“ Monika setzte sich aufrechter hin. „Ich bin die vernachlässigte Ehefrau eines Mannes, der lieber Golf spielt.“ Sie strich sich das Haar zurück. „Genaugenommen bin ich das wirklich“, fügte sie nachdenklich hinzu. „Aber ich mag es so. Und ich weiß genau, er würde mehr daheim bleiben, wenn ich mich beklagen würde.“

„Ja, der Bernd ist ein Lieber“, nickte Annamirl. „Er macht halt, was er will, solange ihm niemand sagt, dass das nicht in Ordnung ist.“

„Genau. Aber wenn man was sagt, nimmt er es sich zu Herzen. Das kann man nicht von vielen Männern behaupten.“

12

„Du bist ein echt toller Mann“, erklärte Julia und hob ihr Weinglas, um es in einem Zug zu leeren. „Ich verliebe mich immer in die Falschen.“

„Quatsch“, widersprach Patrick. „Du hast nur einfach noch nicht den Richtigen gefunden.“

Ihm war nicht mehr mulmig, er machte sich inzwischen ernsthaft Sorgen. Die zweite Flasche Wein war auch bereits halb geleert, und das meiste davon hatte Julia intus.

„Doch. Immer die Falschen“, beharrte die. „Dabei hätt’ es so schön werden können. Du hast mich doch immer schon gern gehabt, nicht? Alle Kollegen haben‘s gemerkt. Bloß ich nicht.“

Wo sie recht hatte, hatte sie recht. Er hatte Julia angehimmelt, aber nie den Mut gefunden, den ersten Schritt zu tun. Damals war sie aber auch noch mit einem Maler liiert gewesen. Und als das in die Brüche ging, war er schon mit Sandra zusammen.

„Weiß deine Sandra eigentlich, was für ein Glück sie mit dir hat?“, wollte Julia wissen. Ihre Aussprache war inzwischen ein wenig verwaschen.

„Vor allem habe ich Glück mit ihr“, erklärte Patrick, und ein Lächeln stahl sich in seine Mundwinkel. „Sandra ist etwas ganz Besonderes.“

„Etwas ganz Besonderes", äffte Julia ihn nach und verzog verächtlich das Gesicht. Aber im nächsten Moment sah sie aus, als würde sie gleich in Tränen ausbrechen.

„Ich bin so ein Trottel", klagte sie.

Patrick wurde das Ganze langsam peinlich. Verstohlen schaute er sich um, ob die Leute ihnen schon befremdete Blicke zuwarfen. Das Pärchen da zwei Tische weiter, das so die Köpfe zusammensteckte – tuschelten die vielleicht über Julia und ihn? Machten die sich über sie beide lustig?

„Ich glaube, wir sollten langsam mal gehen", stellte er fest. „Es ist schon spät." Das stimmte sogar.

„Unsinn! Wir haben doch noch Wein." Julia schenkte sich nach.

Angedudelt wie sie war, traf sie trotzdem das Glas, ohne einen Tropfen zu verschütten.

„Du hast auf jeden Fall genug", betonte er jedoch fest und nahm ihr die Flasche ab. „Wir gehen."

Er winkte der Kellnerin und bezahlte. „Könnten Sie uns bitte ein Taxi rufen?", bat er. Sie warf einen mitleidigen Blick auf Julia, nickte aber nur.

Zehn Minuten später standen sie vor dem Lokal und warteten auf das Taxi. Plötzlich drehte sich Julia zu Patrick und schlang die Arme um seinen Hals.

„Du kommst doch noch mit, oder?", bettelte sie.

„Nein, das halte ich für keine gute Idee.“

Sanft löste Patrick ihre Arme. Das Taxi hielt vor ihnen, und er atmete auf.

„Du hast mich mal toll gefunden“, klagte sie, während er versuchte, sie zum Auto zu schieben.

„Das tue ich immer noch. Aber ich bin in festen Händen.“

„Wirklich?“

„Wirklich.“ Patrick öffnete die hintere Tür des Taxis, drückte Julia auf die Rückbank und stellte sicher, dass sie sich anschnallte.

„Komm doch mit“, bat Julia noch einmal. „Muss ja keiner wissen! Wir könnten …“

„Nein, könnten wir nicht.“ Patrick schüttelte den Kopf und schloss die Tür. Dann wandte er sich an den Fahrer und nannte ihm Julias Adresse.

„Die kotzt mir doch hoffentlich nicht den Wagen voll“, maulte der.

„Nein, so betrunken ist sie nicht. Wenn Sie die Kurven nicht so forsch nehmen, dass sie sich den Kopf anschlägt ...“

„Hey Meister, ich fahr immer nach Vorschrift!“

„Na, das ist doch großartig.“ Patrick drückte dem Taxifahrer einen Geldschein in die Hand. „Den Rest können Sie behalten.“

„Merci. Das nenn’ ich großzügig.“ Der Fahrer grinste erfreut.

„Bringen Sie sie gut nach Hause, ja?“, bat Patrick. „Und warten Sie, bis sie drin ist.“

„Selbstverständlich, wird gemacht“, versicherte der Fahrer und fuhr los.

Patrick sah dem Taxi nach. Was für ein seltsamer Abend – und ganz schön teuer. Immerhin hatte er für Wein, Essen und das Taxi ganz allein geblecht. Er vergrub die Hände in den Hosentaschen und machte sich auf den Heimweg. Zu Fuß würde er eine gute halbe Stunde unterwegs sein. Aber das war ihm gerade recht. So hatte er Zeit, seinen Kopf wieder klar zu kriegen.

13

Das *Weinzierl* war in einem Altbau und hatte seinen Eingang gleich neben dem eines Weingeschäfts. Das Lokal selbst lag im Souterrain. Annamirl fand den weinroten Plüsch der Stühle und Bänke und die Goldlackierung dazwischen zwar etwas übertrieben, aber das passte eigentlich ganz gut ins Gesamtbild: Ein Tanzcafé, wie sie es aus ihrer Jugend kannte. In den Tagen, in denen man sonntags noch zum Tanztee ging, waren es solche Lokale gewesen, wo man sich traf.

Vor allem ältere Semester waren vertreten, und bei denen vor allem Frauen, ganz wie Annamirl es erwartet hatte. Aber sie sah auch das eine oder andere jüngere Gesicht. So viel also dazu, dass Klesinger schon wegen seines Alters aufgefallen wäre.

Unsere beiden Damen nahmen an einem freien Zweiertisch Platz.

„Das erinnert mich daran, wie ich zum ersten Mal zum Tanztee war“, stellte Monika mit leuchtenden Augen fest. „Das Lokal hieß *Tiffany*, und ich war fünfzehn. Weil das Ganze am Nachmittag war, durfte ich hin. Ich trug das erste Mal im Leben Schuhe mit hohen Absätzen – oder was man damals hoch nannte. Und ich hatte eine Handtasche dabei. Meine Güte, ich fühlte mich so erwachsen. An dem Tag war auch ein älteres Paar da, und sie tanzten hervorragend, mit Figuren und allem. Leider trug die Dame einen weiten Plisseerock, der sich bei den Drehungen immer hob und den Blick auf eine fleischfarbene Miederhose freigab. Das war weniger beeindruckend.“

„Guten Abend. Was darf ich Ihnen bringen?“ Eine adrette Bedienung in einem schwarzen Kleid mit einem spitzenbesetzten, weißen Schürzchen tauchte wie aus dem Nichts vor ihnen auf.

„Oh!“ Erschrocken ließ Monika ihre Erinnerungen fahren und wandte sich der Getränkekarte zu. „Ich denke, ich nehme einen trockenen Weißwein …“

„Da kann ich Ihnen unsere Hausmarke sehr empfehlen“, schlug die Bedienung vor.

„Gut, dann nehme ich den.“

„Für mich ein Spezi“, entschied Annamirl. „Ich muss ja autofahren.“

„Sehr gerne.“ Die Bedienung verschwand wieder.

„Zum Glück haben die keinen Gedeckzwang wie früher“, stellte Monika fest. „Sonst hättest du jetzt Probleme.“

„Oder du, wenn du den alkoholischen Teil davon auch noch übernimmst.“ Annamirl grinste. „Schließlich willst du doch bestimmt heil wieder nach Hause kommen. Und Bernd würde mir nie verzeihen, wenn dir etwas passiert.“

Monika kam nicht dazu zu antworten, denn ein gepflegter Herr mit silbergrauem Haar bat sie um einen Tanz.

Annamirl schaute amüsiert zu, weil ihre Freundin tatsächlich ein wenig rot wurde, ehe sie aufstand und sich auf die Tanzfläche führen ließ.

Nachdem sie eine Weile zugeschaut hatte, bemerkte Annamirl eine Frau am Nebentisch. Das zweite Glas auf ihrem Tisch sprach dafür, dass sie nicht ganz allein war.

„Ein wunderschönes Lokal", sprach Annamirl sie an. „Es tut mir richtig leid, dass ich erst jetzt davon erfahren habe."

„Ich dachte mir schon, dass Sie zum ersten Mal da sind", erwiderte die Dame freundlich. „Ich hab Sie noch nie hier gesehen. Maria …" sie deutete auf eine der Tanzenden, die vor allem durch ihr hochtoupiertes weißes Haar auffiel, „und ich kommen regelmäßig mindestens einmal in der Woche." Sie wechselte den Platz, um näher bei Annamirl zu sitzen. „Die meisten Lokale sind ja auf junges Publikum geeicht. Alles furchtbar laut und schrecklich unmelodiös, wenn Sie mich fragen. Und grauenhaftes Licht."

„Ja, da haben Sie recht", stimmte Annamirl zu. „Für uns Ältere gibt es kaum etwas. Anscheinend glaubt jeder, dass wir nur daheim sitzen und Schals stricken. Aber ein paar Jüngere sind hier ja auch."

„Wenn man mal richtig tanzen will, Walzer, Foxtrott, Rumba und so, bleibt einem ja kaum etwas anderes übrig."

„Stimmt."

„Wie haben Sie denn von dem Lokal erfahren?"

„Oh, eine entfernte Bekannte hat es mal erwähnt. Sie selbst tanzt zwar nicht, aber sie kennt einen jungen Mann, der gerne mal hier ist. Aber …", Annamirl reckte den Hals und tat so, als würde sie sich umschauen, „ich sehe niemanden, der es sein könnte."

„Wie heißt er denn?"

„Arnold, ich kann jetzt nicht ..."

„Arnold? Oh ja, den kenne ich auch." Die Dame musterte Annamirl und zwinkerte ihr dann zu. „Ein sehr charmanter Mann. Leider bin ich nicht seine Preisklasse."

„Seine Preisklasse?" Annamirl tat unschuldig.

„Oh, er ist ein erstklassiger Tänzer, und wie gesagt, ein richtiger Charmebolzen. Ich hab auch schon ein paarmal mit ihm getanzt. Aber um die Bekanntschaft zu vertiefen, sollte man über gewisse Rücklagen verfügen."

„Sie meinen, dieser Arnold ist ein Gigolo?" Annamirl riss die Augen auf.

„Ich weiß ja nichts Genaueres", wehrte die Dame ab. „Er hat wohl schnell gemerkt, dass es bei mir nichts zu holen gibt. Ich mit meiner kleinen Rente … Männer wie er haben für sowas einen Riecher." Sie seufzte, lächelte aber. „Schade."

„Aber das stelle ich mir schlimm vor, wenn man weiß, dass man nur wegen dem Geld …" Annamirl schüttelte den Kopf. „Ich hatte ja keine Ahnung! Zugegebenermaßen ist meine Bekannte nicht gerade arm … aber ich an ihrer Stelle würde mir das nicht gefallen lassen. Vielleicht sollte ich mal ein Wörtchen mit ihr reden."

„Aber nein, ich bin sicher, dass ihr das im Grunde schon klar ist. Arnold lügt einen da nicht an. Wissen Sie, er ist gebildet, freundlich und aufmerksam, hat gute Manieren und kann gut zuhören. Wenn man sonst seine Tage in erster Linie allein verbringt, ist das bestimmt eine schöne Abwechslung. Ich habe das Problem ja nicht. Maria und ich wohnen zusammen. Das ist billiger und macht mehr Spaß, zumal wir uns schon als Schulkinder kannten und ständig zusammensteckten. Aber auch ich genieße ein Tänzchen mit Arnold immer sehr und hätte nichts dagegen, ihn öfter mal zu treffen." Die Dame stutzte. „Da fällt mir ein, dass ich ihn schon länger nicht mehr hier gesehen habe. Seltsam."

„Vielleicht macht er irgendwo Urlaub."

„Ja, das kann sein."

Sie unterbrach sich, denn die Freundin kam an den Tisch zurück. Sie nickte Annamirl noch einmal heiter zu und wechselte dann wieder zu ihrem eigenen Platz.

„Wir haben uns gerade über Arnold unterhalten“, hörte Annamirl sie ihrer Freundin erzählen. „Der war ja jetzt schon länger nicht mehr da, oder?“

„Stimmt. Das sind bestimmt schon drei Wochen oder so“, erwiderte die Freundin. „Vielleicht ist er ja mit Beate … aber nein, die sitzt ja dort drüben. Na, nach der Szene, die sie ihm gemacht hat, hätte es mich auch gewundert, wenn er noch mal mit ihr weggefahren wäre.“

„Eine Szene?“, fragte Annamirl kurzentschlossen dazwischen. „Verzeihen Sie, wenn ich so neugierig bin. Das gehört sich ja eigentlich nicht. Aber, nun ja …“ Sie schenkte der Dame, Maria, einen unschuldigen Augenaufschlag. „So etwas interessiert mich natürlich. Schon, weil Monika und ich eigentlich vorhaben, öfter zu kommen.“

„Ach, hier haben Sie nichts zu befürchten. Der Wirt achtet sehr darauf, dass es gesittet zugeht.“ Maria lachte und zeigte auf einen bulligen Mann, der hinter dem Tresen stand und Cocktails mixte. „Nein, das war nicht hier drin. Wir haben den Streit nur mitbekommen, weil wir gerade auf den Parkplatz gegangen sind, als Beate auf Arnold losging.“

„Dabei ist sie mindestens eine halbe Stunde vor uns gegangen“, warf Marias Freundin ein.

„Sie muss ihm aufgelauert haben.“

„Um ihn anzuschreien und mit den Fäusten auf ihn loszugehen.“

„Sie war ja schon immer sehr temperamentvoll. Erinnerst du dich, wie sie der Kellnerin mal ein Glas Wein ins Gesicht schüttete, weil die was verwechselt hatte und Beate partout etwas anderes wollte?“

„Angeblich das falsche Getränk. Ich glaube ja, Beate hat sich einfach mittendrin umentschieden. Bei uns hat die Bedienung noch nie einen Fehler gemacht.“

„Sie war ganz knapp davor, Hausverbot zu bekommen, die Beate.“

Verstohlen warf Annamirl einen Blick auf die Frau, über die die beiden gerade so genüsslich herzogen. Sie war nicht unbedingt gut gekleidet, aber definitiv teuer. Mit zu viel Schmuck für Annamirls Geschmack – und zu viel Make-up. Ihr graumeliertes Haar war perfekt geschnitten. Aber die tiefen Falten um den Mund gaben ihr bei allem offensichtlichen Reichtum etwas Verbittertes. Annamirl traute ihr ohne Weiteres zu, dass sie mit Dingen um sich warf, wenn man sie verärgerte. Und vielleicht konnte sie auch so in Wut geraten, dass sie mit etwas Schwerem zuschlug?

„Und sie ist mit den Fäusten auf ihn losgegangen?“, bohrte Annamirl nach.

„Ja, aber er hat sie ganz schnell an den Handgelenken erwischt. Arnold ist ja ein stattlicher Mann.“ Marias Augen blitzten. Die Szene hatte ihr offensichtlich Spaß gemacht. „Dann hat sie ihn nur noch angeschrien und wollte ihn gegen's Schienbein treten."

„Haben Sie gehört, worum es ging?"

„Das war kaum zu überhören. Sie meinte, sie hätte viel Geld in ihn gesteckt und dann würde er trotzdem noch mit anderen ausgehen. Das lasse sie sich nicht bieten und solches Zeug."

„Aber am Ende, da hat sie ihn angefleht, doch ganz zu ihr zu kommen. Sie würde ihm auch viel Geld dafür geben."

„Du meine Güte!" Annamirl tat entsetzt. „Sich so zu erniedrigen. Kann sie sich das denn überhaupt leisten?"

„So genau weiß ich das nicht. Wenn ich es mir recht überlege, weiß ich noch nicht mal, wie sie mit Nachnamen heißt." Maria schürzte die Lippen. „Aber so, wie sie tut, muss Geld da sein."

„Hat er sich denn darauf eingelassen?"

„Natürlich nicht."

„Beate hat das Ganze von Anfang an falsch verstanden", erklärte Marias Freundin gewichtig. „Männer wie Arnold versüßen einem die Zeit, die man mit ihnen verbringt. Aber sie werden einem nie allein gehören."

Annamirl wiegte den Kopf. So allmählich glaubte sie zu verstehen, was dieser Arnold Klesinger für einer war.

„Wie lange ist das denn jetzt her?", wollte sie noch wissen.

„Oh, das sollten jetzt so drei oder vier Wochen sein, oder Maria?“

„Ja, so in etwa.“

„Und jetzt, wo du’s sagst: Seitdem war Arnold nicht mehr hier. Ob er wohl Beate aus dem Weg geht?“

„Das wäre aber zu schade.“

Annamirl bekam es nicht übers Herz, den beiden Damen zu erzählen, dass Arnold nicht mehr unter den Lebenden weilte. Außerdem: Woher sollte sie das auch wissen?

„Ihr scheint euch ja prächtig zu unterhalten.“ Monika war zurück.

„Wir haben nur ein wenig geplaudert“, winkte Annamirl ab. „Wie ging’s mit dem Tanzen?“

„Erstaunlicherweise kann ich es noch. Dabei habe ich, glaube ich, seit meiner Hochzeit nicht mehr das Tanzbein geschwungen.“

„Oh nein, das stimmt nicht. Ich erinnere mich an eine Silvesterfeier von vor drei Jahren …“

„Hör auf! Da war ich betrunken und es war kein richtiges Tanzen, mehr Gehampel.“

Monika zog eine Schnute. Annamirl lachte.

„Ich hätte das nie gedacht, aber es war tatsächlich ein richtig schöner Abend“, meinte Monika, als sie mit Annamirl nach Hause fuhr. „Ich wusste gar nicht, dass du so gut Tango tanzen kannst.“ Sie schmunzelte und warf ihrer Freundin einen schelmischen Seitenblick zu.

„Kann ich auch nicht. Dieser Ernst hat einfach gut geführt“, behauptete Annamirl, doch um ihre Mundwinkel zuckte es verdächtig. „Außerdem war es kein richtiger Tango. Eher eine Mischung zwischen Tango und Foxtrott.“

„*Kriminaltango, in der Taverne, dunkle Gestalten, rote Laterne ...*“, begann Monika zu trällern.

„Wie viel Wein hast du intus?“

„Ich bin nicht betrunken“, wehrte Monika ab. „Nur in guter Stimmung. Ach ja, das Hazy Osterwald Sextett, das war schon gut.“

„Ja, die hatten ein paar gute Sachen“, stimmte Annamirl zu.

„Schade, dass wir nichts Genaueres über diese Beate wissen.“ Monika seufzte. „Und leider hat sich auch überhaupt keine Gelegenheit ergeben, mit ihr ins Gespräch zu kommen.“

„Ich werde es Patrick stecken. Diese Beate scheint auf jeden Fall verdächtig zu sein, und von der Zeit her würde es auch passen. Wahrscheinlich kann er ganz schnell herausfinden, wer sie ist und wo sie wohnt.“

„Was er dir aber nicht sagen wird.“

„Nein, vermutlich nicht.“

„Dann müssen wir es also selbst versuchen. Wir werden nochmal hinfahren müssen.“ Die Aussicht schien Monika zu behagen.

„Monika Wendland, was bist du doch auf einmal so vergnügungssüchtig“, schalt Annamirl sie und grinste. „Aber ich schätze, du hast recht.“

„Ich hab ein Plakat am Eingang gesehen, dass sie Sonntagnachmittag einen Tanztee veranstalten. Wie in den guten alten Zeiten. Wie wäre es damit?“

„Ja, Sonntag würde mir passen.“

Tagebuch: Donnerstag, 25. April

Schwanger! Wie überaus unpraktisch. Als ich davon erfuhr, war ich wie vor den Kopf gestoßen. Es ist natürlich klar, dass das ein Kuckuckskind ist. Und so macht es eigentlich keinen Unterschied. Oder doch! Zwei Leben anstelle von einem auszulöschen, ist irgendwie ziemlich reizvoll. Es ist seltsam – oder vielleicht sogar amüsant – zu sehen, wie schnell meine Gedanken wieder um Mord kreisen. Nach meinem ersten Erfolg, mit dem ich so einfach – und sogar elegant – mein Ziel erreichte, hätte man eine Zeit der Ruhe und Erholung erwarten können, eine Zeit, in der ich mich auf meinen Lorbeeren ausruhe, bevor ich mich wieder mit Mord beschäftige. Aber das, fürchte ich, war von Anfang an nicht möglich. Ich habe oft davon gelesen, dass ein Verbrechen sehr leicht zum nächsten führt. Und obwohl das natürlich ein Klischee ist, muss ich sagen, dass es doch zutrifft. Ich hätte ja nie gedacht, dass mein Gewissen so ruhig bleibt. Ich habe immer noch keinen Stich der Reue gespürt. Noch nicht einmal Alpträume haben mich heimgesucht. Ich schlafe gut und fest – den Schlaf des Gerechten, wie es so schön heißt. Und Erleichterung, dass die Leiche endlich gefunden wurde, denn nun können die Dinge endlich ihren Lauf nehmen. Allerdings braucht es erst noch diesen zweiten Mord. Für den wird es jetzt langsam wirklich Zeit. Aber ich darf mich nicht zu einer unüberlegten Handlung hinreißen lassen. Alles ist vorbereitet. Es wird wie ein Un-

fall aussehen. Keiner wird die Schilder entziffern können. Leider habe ich sie bisher nie allein angetroffen, obwohl ich es schon tagelang versuche. Aber ich darf nichts überstürzen. Geduld ist die Eigenschaft, die ich nun am meisten brauche. Aber zugleich fühle ich mich unaufhaltsam zu dieser neuen Tat gedrängt. Ich freue mich schon jetzt auf das Hochgefühl, das sich zweifellos einstellen wird, wenn sie vollbracht ist.

Freitag, 26. April 2019

01

„Wir haben auf der Festplatte vom Klesinger nur mehr oder weniger belangloses Zeug gefunden“, teilte Sandra Patrick am nächsten Morgen mit. „An dem Stick arbeiten wir noch. Aber auf dem Handy sind eine Reihe von SMSen, die dich interessieren dürften.“ Sie schaute sich in Patricks Büro um. „Wo ist denn deine Kollegin?“

„Hat sich heute krank gemeldet.“ Patrick nahm den Stapel Papier entgegen, den Sandra ihm hinhielt. „Und übrigens: Guten Morgen. Gut geschlafen?“

„Ja, hab ich.“ Sandra lachte, aber selbst in ihren Ohren klang es nicht echt. „Und du? Ist es … ist es spät geworden?“ Sie vermied es, Patrick anzusehen, und fummelte stattdessen am Saum ihrer Bluse herum. Doch dann gab sie sich einen Ruck und hob den Blick: „Was habt ihr beide gestern Abend angestellt, dass deine Kollegin heute krank ist?“

„Ich schatze, sie hat zu viel Wein getrunken.“ Patrick zuckte mit den Schultern.

„Wein? Sonst nichts?“

„Nein, sonst nichts. Und ich schätze, das wird sich nicht mehr wiederholen, das Essen, mein ich." Patrick lächelte Sandra liebevoll an. „Sag mal …", begann er dann vorsichtig, „hast du heute Mittag Zeit? Ich bin extra früher aufgestanden und hab ein paar belegte Brote gemacht. Wir … wir könnten uns ein nettes Plätzchen suchen und … und … ich wollte dich etwas fragen."

„Was denn? Oh, na gut." Sandra schien ein wenig verwirrt. „Dann … ja, heute Mittag passt gut." Sie schaute Patrick forschend an. Er grinste zurück. Also wohl keine schlechten Nachrichten. Sie würde geduldig sein müssen. Aber, verdammt, es war noch so lange hin bis zur Mittagspause. „Okay", sagte sie und holte tief Luft. „Dann bis heute Mittag."

Sie wandte sich zum Gehen.

„Und was ist so interessant an den SMSen?", rief Patrick ihr nach.

„Die SMSen? Oh ja, natürlich!" Ein wenig verlegen drehte sie noch einmal um: „Das meiste ist eher belanglos. ‚*Danke für die schöne Zeit*' oder ‚*Wie kann ich dir für die schönen Stunden eine Freude machen?*' und solche Sachen. Aber ich schätze, diese SMS hier wirst du sehr interessant finden." Sie deutete auf einen Absatz. „Die ist von einer Barbara Häusler. Und sie schien da sehr aufgebracht zu sein."

„‚*So lasse ich nicht mit mir umgehen*'", las Patrick laut, „‚*das wirst du noch bereuen!*' Interessant."

„Und dieser Klesinger hat sich nicht einmal die Mühe gemacht zu antworten“, fügte Sandra hinzu.

„Bei Frau Häusler waren wir gestern“, murmelte Patrick. „Da hat sie noch gemeint, alles wäre Friede, Freude, Eierkuchen gewesen.“

„Dann sollten Sie nochmal hingehen.“ Auerbach stand in der Tür. Er nickte Sandra zu. „Guten Morgen.“

„Guten Morgen. Und auf Wiedersehen …“ Sandra schaute von Auerbach zu Patrick. „Und wir sehen uns also heute Mittag.“ Damit machte sie, dass sie wegkam.

„Scholl? Scholl!“, schreckte Auerbach Patrick auf, als der gedankenverloren Sandra nachsah. „Vergessen S' mal Ihr Liebesleben. Wir hab‘n was zum tun.“

„Ja, Chef. Natürlich. Äh … guten Morgen“, stammelte Patrick verlegen. „Äh … Sie wissen, dass Julia krank ist?“

„Ja. Aber Sie können da bestimmt auch alleine hingehen. Zu der Häuslerin, mein ich.“

„Ich denke, das schaffe ich.“

„Schön. Werfen S' vorher noch einen Blick auf den vorläufigen Bericht der SpuSi: Der Pokal ist die Mordwaffe. Aber der ist gründlich abg'wischt worden. Am Wasserhahn in der Küche war ein Fingerabdruck, der nicht dem Opfer g'hört. Aber, ob vom Mörder, ist die nächste Frage. Wer weiß, wann der da hin 'kommen ist.

Trotzdem. Wenn Sie schon da sind, nehmen S' am besten gleich die Abdrücke von der Häusler."

Patrick sah nicht gerade glücklich aus, nickte aber.

„Und was machen Sie?", wagte er zu fragen.

„Ich schau mir die Finanzen von dem Russe an", erklärte Auerbach gewichtig. „Seine Bank hat sie endlich reing'schickt. Und heute Mittag treff ich mich mit seiner Verlobten."

02

Als Patrick das Brautgeschäft betrat, wurde gerade eine Gruppe von drei Frauen bedient, zwei junge und eine ältere.

„Neinnein, mit dieser langen Schleppe wirst du wahnsinnig“, rief die ältere gerade, als eine der beiden Jüngeren ein Brautkleid vor sich hielt. Die war wohl die eigentliche Braut. Und nach der Ähnlichkeit zwischen den beiden zu schließen, war die Ältere ihre Mutter.

„Wir können die Schleppe auch kürzen,“ bot Frau Häusler an, die neben den dreien stand. Da bemerkte sie Patrick.

„Herr Scholl, richtig?“, sprach sie ihn sichtlich gereizt an. „Wie Sie sehen, passt es gerade gar nicht. Ich habe Kundschaft.“

„Es dauert nicht lange.“

„Ich muss der Braut aber beim Ankleiden helfen.“

„Wirklich. Es geht ganz schnell.“

„Wir schau’n uns solange um und suchen ein paar Kleider raus“, warf die Brautmutter ein. „Was da so für sie auf dem Ständer hängt, ist alles nix.“

„Aber Mama!“, protestierte die Braut in spe.

„Naa, da sag‘n wir mal gleich naa“, blieb die Mutter hart. „So ebbs ziehst du mir ned an.“

„Ihre Tochter gab an, etwas im Prinzessinnenstil zu wollen“, wandte Frau Häusler ein.

„Ja, für den Sepp will i wia a Prinzessin ausschau'n!“

„Blädsinn. Du brauchst a Kleidl, mit dem du aa durch die Tür passt.“

„Die Reifröcke geben alle sehr gut nach.“

„Ja, schon recht. Aber alle mit so einem Trumm von Schlepp'n … Wie soll mein Madl denn da in so einer engen Kabine im Lokal aufs Klo geh'n?“

Frau Häusler schien wenig begeistert, die drei Damen allein zu lassen, bedeutete Patrick jedoch, ihr in's Büro zu folgen.

„Was gibt es denn noch?“, fragte sie gereizt. „Mich so vor meiner Kundschaft bloßzustellen! Und wer weiß, was die mit den Kleidern anstellen, wenn ich nicht da bin. Da sind kostspielige Modelle darunter.“

„Bloßstellen? Ich habe ja noch nicht mal was von Polizei gesagt“, beschwichtigte Patrick. „Ich könnte ja auch Ihr Steuerberater sein.“

„Steuerberater?“, sie musterte ihn. „Na ja.“ Sie verzog den Mund. „Sie haben noch nicht viele Steuerberater gesehen, oder?“

„Wieso?“ Verunsichert schaute Patrick an sich hinunter. Was war denn mit seinem Aussehen? Er schluckte, riss sich dann aber zusammen: „Wie auch immer. Ich müsste jedenfalls noch dringend ein bis zwei Dinge klären. Es dauert bestimmt nicht lange.“

„Ich habe bereits alle Ihre Fragen beantwortet."

„Nicht ganz. Es geht da speziell um eine SMS, die Sie Herrn Klesinger vor drei Wochen geschickt haben."

„Eine SMS vor … oh, ich verstehe." Nun sah Frau Häusler weniger ärgerlich als vielmehr peinlich berührt aus.

Als sie jedoch kein Wort sagte, half Patrick aus: „Sie schrieben: ‚*So lasse ich nicht mit mir umgehen. Das wirst du noch bereuen!*'"

„Aber das war doch gar nicht so gemeint! Das war doch nur, weil … Ich war verärgert!" Frau Häusler gestikulierte heftig. „Wir waren verabredet. Ich hatte zwei Karten für das Deutsche Theater und dann stand ich da wie bestellt und nicht abgeholt. Je später es wurde, desto dümmer kam ich mir vor. Und, ja, ich hab mich in eine gewisse Wut hineingesteigert. Da habe ich schließlich diese SMS geschrieben und dann gemacht, dass ich nach Hause komme."

„Aber es könnte ja etwas passiert sein, das Herrn Klesinger aufgehalten hat", gab Patrick zu bedenken. Frau Häuslers Reaktion schien ihm doch sehr drastisch. Doch die lachte nur bitter auf.

„Ach, Sie sind süß!" Frau Häusler verzog belustigt den Mund. „Wollen Sie wissen, was ihm dazwischen kam? Er hatte das Angebot bekommen, eine andere Frau auf ein Wellness Wochenende zu begleiten. Das war natürlich reizvoller als ein Abend im Theater. Das hat er offen zugegeben, als er mich ein, zwei Tage später zurückrief. Man muss ihm lassen: Er war immer ehrlich."

„Da waren Sie sicher erst recht sauer auf ihn."

„Nein. Zu der Zeit hatte ich mich längst wieder abgeregt." Frau Häusler seufzte. „Ich wusste immer, was für ein Mann Arnold war. Ich wusste es, und ich habe es akzeptiert."

„Warum haben Sie die SMS bei unserem letzten Besuch nicht erwähnt?"

„Ist das Ihr Ernst? Daraus wollen Sie mir jetzt einen Strick drehen? Ich habe einfach nicht mehr daran gedacht, das ist alles." Sie holte tief Luft. „Außerdem ändert das alles nichts daran, dass ich in Frankfurt war. Oder denken Sie, ich hätte einen Killer engagiert? Das Brautmodengeschäft ist hart, aber doch nicht so hart. Die Mafia hat uns noch nicht im Visier. So ein Brautkleid kann zwar schon Mal zweitausend Euro kosten. Aber bei solchen Peanuts fangen die wahrscheinlich gar nicht erst an."

Zweitausend Euro für ein Kleid, das man nur einmal anzog? Patrick war baff. Und ihm wurde etwas schwummrig, wenn er daran dachte, dass er vielleicht irgendwann einmal selber ... Aber da war ja noch eine Weile hin, beruhigte er sich.

„Ich will Ihnen gar nichts unterstellen", sagte er schließlich. „Aber Sie müssen verstehen, dass wir allem nachgehen. Ich werde Ihr Alibi überprüfen und … wenn Sie mir außerdem Ihre Fingerabdrücke geben, dann ist die Sache für Sie hoffentlich erledigt."

„Meine Fingerabdrücke? Soll ich meine Kunden mit Stempelfarbe an den Fingern bedienen?"

„Nein, dafür haben wir mittlerweile Scanner. Und fürs erste würde ich sie mit dem Smartphone aufnehmen."

„Oh, das geht also inzwischen digitalisiert? Wie fortschrittlich." Frau Häusler gab etwas von sich, das verdächtig nach Schnauben klang. „Und wie halten Sie es mit dem Datenschutz? So ein Handy ist ja nicht immun gegen Hacker."

„Datenschutz wird bei uns ganz groß geschrieben."

„Ach, tatsächlich? So eine lapidare Ansage überzeugt mich jetzt nicht gerade."

„Ich kann Sie auch aufs Revier mitnehmen."

„Das ist ja die Höhe!", regte Frau Häusler sich auf. Doch dann winkte sie ab: „Ja, schon gut. Ich habe nichts zu verbergen."

Sie hielt ihm ihre Hände hin. Patrick rief die entsprechende App auf seinem Handy auf und machte Fotos. Es war das erste Mal, dass er so etwas machte, und er hoffte inständig, dass er es richtig hinbekam.

„War es das dann?", wollte Frau Häusler ungeduldig wissen.

„Ja", versicherte Patrick. „Es tut mir leid, dass ich Ihnen Umstände gemacht habe."

„Na ja, Stempelfarbe wäre schlimmer gewesen." Frau Häusler verzog das Gesicht. „Aber jetzt entschuldigen Sie mich, ich muss mich aufs Weinen vorbereiten."

„Wie bitte?"

„Sie machen Ihren Job, ich mache meinen. Und das gehört bei meinem dazu." Jetzt lächelte Frau Häusler. „Es läuft meistens so: Die Braut sagt, wie viel sie höchstens ausgeben will und probiert Kleider, die im Rahmen dieses Budgets liegen. Dann suche ich eines heraus, das ein wenig drüber liegt, und, wenn die Braut es anprobiert, bekomme ich Tränen in die Augen", erklärte sie mit brechender Stimme und tupfte mit einem Taschentuch an den Augenwinkeln.

„Sie machen das wirklich gut", gab Patrick zu.

„Danke. Und so versichere ich der Braut, dass sie absolut umwerfend aussieht. Und am Ende erklärt die Mutter, dass sie den Restbetrag drauflegt. Die Braut kauft das Kleid, und wir sind alle glücklich. Und wenn sie nicht gestorben sind, ..."

03

Annamirl kam von einem langen Spaziergang mit den beiden Hunden zurück und nahm sich noch einmal die Liste für ihr Testament vor. Es war ihr nämlich noch etwas eingefallen. Ihre Nachbarn, die Familie Fagiano aus Sizilien waren immer so nett und hilfsbereit. Die sollten auch noch berücksichtigt werden. Und vielleicht wäre es gut, Vorkehrungen zu treffen, dass auch ihre Lieblinge Odin und Loki gut versorgt sein würden. Sie war sich eigentlich sicher, dass ihr Sohn die Hunde aufnehmen würde – schon, weil Sylvia und Bärbel sie geradezu vergötterten. Aber sicherheitshalber sollte doch genügend Geld da sein, um die beiden gut zu versorgen.

„Meine Güte, ich hätte nie gedacht, dass das so kompliziert sein kann", murmelte Annamirl, als sie nach einigem Hin und Her endlich zufrieden war. „Allmählich verstehe ich, warum die meisten Menschen sich vor so etwas drücken."

Sie las ihre Liste noch einmal durch und nickte dann befriedigt: „Ich denke, so kann man das lassen. Am besten bringe ich die Liste gleich zum Anwalt, ehe ich es mir noch einmal anders überlege. Ändern kann ich ja notfalls immer noch was."

Sie packte die Liste in ihre Tasche.

„Patrick sollte ich auch noch anrufen wegen dieser Beate“, mahnte sie sich selbst. Aber dann sagte sie sich, dass das nicht eilig war. Patrick würde ihr ja doch nur Vorwürfe machen, weil sie ihre Nase in seinen Fall steckte. Und dieser Auerbach – der würde wahrscheinlich toben. Nein, der Anruf hatte bis zum Nachmittag Zeit. Diese Frau lief ja nicht weg. Jetzt würde sie sich erst einmal um ihr Testament kümmern.

Sie schaute nach den Hunden. Die hielten Nickerchen in ihren Körbchen.

„Na, dann bleibt ihr am besten hier“, entschied Annamirl. „Ich lass die Terrassentür auf und sage Marina Bescheid, dass sie ein Auge auf euch Racker hat.“

Marina Fagiano war nicht in ihrem Garten. Doch Annamirl hörte sie durch das offene Küchenfenster singen: „*Vissi d'arte, vissi d'amore, non feci mai male ad anima viva!*“

Das war aus Giacomo Puccinis ‚Tosca‘ erkannte Annamirl: Toscas berühmte Arie *Vissi d'arte.* Stimmlich eigentlich ein wenig zu hoch für Marina, die bestenfalls einen Mezzosopran hatte. Aber was sie an hohen Tönen nicht schaffte, machte sie durch Leidenschaft wett.

Annamirl hörte einen Moment zu und klingelte dann an der Haustür.

„Anna Maria!“, begrüßte Mariana sie überschwänglich. „Komm rein! Ich mache ‚Pasta alla Norma‘ zum

Mittagessen. Es ist genug für alle da! Bleib! Wir essen pünktlich."

Ja, nach Marinas Mittagessen konnte man die Uhr stellen. Und danach gab es immer *il pisolino*, das obligatorische Verdauungsschläfchen. Marina schwor darauf: das beste Mittel, um sich seine Gesundheit zu erhalten. Und wenn man sie ansah, vor Energie sprühend und mit einem Teint, um den jedes Baby sie beneidet hätte, mochte man das gerne glauben.

Annamirl fiel ein, dass wahrscheinlich auch die Anwaltskanzlei Mittagspause machte, und überlegte einen Moment, ob sie Marinas Einladung nicht annehmen sollte. Doch nein, erst die Pflicht.

„Das ist wirklich lieb von dir", wehrte sie also ab. „Aber ich muss leider weg und wollte dich bitten, hin und wieder einen Blick in meinen Garten zu werfen. Odin und Loki schlafen gerade, aber ich lasse die Terrassentür für sie offen."

„Ich passe auf", versprach Marina. „Ach, die lieben Kleinen. Oh, entschuldige! Die Auberginen müssen aus dem Öl." Sie stürzte davon.

Marina nannte die beiden Hunde immer ihre ‚lieben Kleinen', ging es Annamirl durch den Kopf, als sie ins Auto stieg, dabei waren die manchmal richtige Satansbraten. Allerdings nicht bei Marina, da benahmen sie sich immer mustergültig. Und das, obwohl sie weder furchteinflößend war noch besonders streng. Vielleicht lag es an dieser überschäumenden Herzlichkeit, die jeden Widerstand einfach wegspülte.

„Grüß Gott, Frau Hofstetter", wurde Annamirl von Marlis begrüßt. „Sie haben aber keinen Termin, oder? Doktor Laumann ist nämlich noch nicht zurück."

„Nein, kein Termin. Ich wollte nur meine Liste abgeben, damit er sie schon mal durchsehen kann. Ich mache dann telefonisch einen Termin. Aber ich sehe schon, ich störe Sie bei Ihrer Mittagspause. Das tut mir aufrichtig leid. Ich komme gerne später wieder."

„Aber nein, für so eine Kleinigkeit ist immer Zeit." Marlis lächelte, setzte sich und verstaute ihre Handtasche in einer Schreibtischschublade. „Die Auflistung Ihrer Vermögenswerte? Die können Sie mir gerne geben. Ich reiche sie dann weiter."

„Das ist wirklich nett von Ihnen." Annamirl übergab der jungen Frau den braunen Umschlag mit der Liste darin. Sie legte den Kopf schief und betrachtete Laumanns Sekretärin.

„Verzeihen Sie, wenn ich so dreist frage, Frau Seebohm", sagte sie lächelnd. „Aber Sie sehen heute so ganz besonders glücklich aus."

Das war beinahe untertrieben. Marils' Augen glänzten, und sie schien beinahe von innen heraus zu leuchten.

„Gute Nachrichten? Vielleicht von Michael Russe?“, riet Annamirl.

„Ach, was für eine gute Beobachterin Sie sind“, rief Marlis und errötete. „Ja, Sie haben recht. Heute Abend treffen wir uns bei ihm und legen den Hochzeitstermin fest.“

„Ich gratuliere!“, freute sich Annamirl. „Dann ist die Heimlichtuerei ja vorbei.“

„Ja, endlich.“ Marlis nickte. „Es hat so lange gedauert, dass ich manchmal dachte, es wäre gar nicht wahr.“

„Ende gut, alles gut. Aber nun will ich Sie nicht mehr länger aufhalten. Viel Spaß heute Abend.“

04

Auerbach schaute auf die Uhr. Er war ein wenig spät dran und hoffte nur, dass Russes Verlobte auf ihn wartete. Sie hatte nicht erfreut geklungen, als er erklärte, dass eine Befragung unumgänglich sei. Doch dann hatte sie sich mit ihm für die Mittagspause in einem Café verabredet.

„Aber seien Sie pünktlich", hatte sie verlangt.

Nun, er war nur eine Viertelstunde hinten dran. Das konnte ja kaum als echte Verspätung gelten, oder? Schuld an allem war wie immer der Verkehr von Fürstenfeldbruck nach Dachau. Die B471 war recht voll gewesen. Was machten nur all die Leute mit ihren Autos auf der Straße? Hatten die keine Arbeit? Gut, am Kopf der Schlange schlich ein Laster. Aber dass er nie dazu kam, den zu überholen, lag daran, dass dazwischen so viele andere Autos waren. Und dann hatten sich in Dachau auch noch sämtliche Ampeln gegen ihn verschworen und waren auf Rot gesprungen, sobald er sie erreichte! So gesehen lag er ja eigentlich ganz gut in der Zeit. Immerhin hatte er zum Ausgleich auf Anhieb in der Nähe einen Parkplatz gefunden. Und da war es ja auch schon: *Elli's Café*.

Als er auf das Café zusteuerte, bemerkte er eine Menschentraube genau davor. Ein Rettungswagen und ein Streifenwagen waren bereits vor Ort. Als Auerbach näher kam, wurde gerade eine blonde Frau mit einer Sauerstoffmaske vor dem Gesicht in den Krankenwagen geschoben. Auerbach bekam ein ganz flaues Gefühl in der Magengegend. Kurzentschlossen zückte er seinen Ausweis und wandte sich an den Streifenbeamten, der damit beschäftigt war, die Schaulustigen zurückzuhalten.

„Was ist denn da passiert?“, wollte er wissen.

Der noch recht junge Beamte schaute ihn hilflos an und erwischte gerade noch eine Frau, die sich mit hocherhobenem Handy an ihm vorbei drängen wollte.

„Jetzt langt‘s aber“, herrschte Auerbach sie kurzentschlossen an. „Wollen S‘ vielleicht noch a Großaufnahme von der armen Frau? Sie können sich auch daneben legen, damit Sie mal sehen, wie sich des anfühlt, wenn alle um Sie rum steh‘n und auf Sie runterschau‘n!“

Die Frau erschrak, trollte sich dann aber, wenn auch vor sich hingrummelnd.

„Der nächste, der näher kommt oder a Foto schießt, kriegt‘s mit mir zum doa!“, drohte Auerbach laut. „Und i sorg dafür, dass er oder sie wegen Behinderung einfährt, verstanden?“

Er sprach mit solcher Autorität, dass die Neugierigen tatsächlich aufhörten, nach vorne zu drängen. Dann wurden die Türen des Rettungswagens geschlossen, und das Fahrzeug setzte sich in Bewegung. Es gab nichts mehr zu sehen. Der junge Beamte atmete auf.

„Ein ganz dämlicher Unfall“, berichtete er Auerbach dann. „Junge Frau geht über die Straße, wird von einem Wagen erfasst, mit offensichtlich überhöhter Geschwindigkeit. Er hielt nicht einmal an.“

„Fahrerflucht?“

„Ja.“

„Gibt’s Zeugen?“

„Mir hat einer der Kellner erzählt, dass ein kleiner heller Wagen plötzlich angeschossen kam und direkt auf die Frau zuhielt. Muss schnell gegangen sein. Anscheinend hat der Fahrer noch nicht mal gebremst. Der Kellner hat’s gesehen, weil er gerade draußen bedient hat.“

„Gibt’s ein Kennzeichen?“

„Nein, aber wir suchen noch nach weiteren Zeugen.“

„Wissen S‘ schon, wer die Frau ist?“

„Aber ja, sie hatte ihren Führerschein dabei.“

Als der junge Polizist den Namen nannte, zuckte Auerbach zusammen, obwohl er schon eine Ahnung hatte, was der Kollege sagen würde.

„Wir war‘n verabred‘t“, meinte er.

„Ihre Freundin?“

„Blödsinn, eine Zeugin in einem Mordfall.“

„Oh.“ Der Polizist blickte erschrocken drein.

Auerbach schaute in die Richtung, in die der Rettungswagen davongefahren war. „Wo fährt der Sanka sie hin? Ins Dachauer Krankenhaus?"

„Das Helios Amper-Klinikum Dachau, ja. Ich habe mitbekommen, wie der Unfallarzt mit der Leitstelle telefoniert hat."

Auerbach bedankte sich und machte, dass er zurück zu seinem Wagen kam. Bevor er einstieg, rief er bei Patrick an.

„I stör Sie doch bestimmt ned, oder?", wollte er wissen.

„Also, eigentlich …"

„Ja, schon recht. Essen S' ruhig erst fertig mit Ihrem Gspusi. Und wenn Sie dann wieder unterwegs sind und Fingerabdrücke einsammeln, schaun S' a gleich noch nach den Autos. Wir suchen an hellen Kloana, die Marke weiß i leider ned. Aber der muss vorn beschädigt sein."

„Wieso das denn? Ist einer in Sie reingefahren?"

„Naa. Die Verlobte von dem Michael Russe ist grad eben überfahren worden."

„Das ist ja furchtbar."

„Sie hat's überlebt, ist aber verletzt. Ich fahr gleich ins Krankenhaus, nachschaun." Auerbach kratzte sich am Kinn. „I fress an Besen, wenn des einfach so a Unfall war", fuhr er grimmig fort. „Sie muss irgendwas g'wusst haben."

05

„Grüß Gott, Herr Novak." Patrick lächelte verbindlich, als Mirko Novak die Tür öffnete. Anscheinend ging er keiner geregelten Arbeit nach. Aber er hatte ja selbst erzählt, dass er in Klesingers Fußstapfen treten wollte. Tatsächlich schien er gerade dabei, ein passendes Outfit für den Abend auszuwählen.

„Was meinen Sie, mit Krawatte oder ohne?", fragte er, als er Patrick hereingebeten hatte und nun vor einem großen Spiegel stand. Er hielt sich eine Krawatte nach der anderen prüfend vor die Brust. „Ich werde heute Abend das *Weinzierl* besuchen, um Arnies Andenken hochzuhalten."

Und wahrscheinlich, weil ja irgendwie wieder Geld reinkommen muss, dachte Patrick, schämte sich aber gleich dafür. Es ging ihn nichts an, was Novak tat. Jedenfalls solange er sich nicht als Heiratsschwindler oder Hochstapler entpuppte.

„Tragen Sie denn sonst eine Krawatte?", fragte er laut.

„Nein, eigentlich nicht. Zumindest nicht zu einem einfachen Tanzabend. Aber zu Arnies Ehren sollte es doch eher feierlich sein …"

„Aber davon wissen die Gäste des *Weinzierls* ja nichts, jedenfalls die meisten nicht."

„Ja, da haben Sie recht." Novak legte die Krawatten auf einen kleinen Tisch neben dem Spiegel. „Aber Sie sind doch nicht gekommen, um mir beim Anziehen zu helfen, oder?" Mit einem freundlichen Lächeln drehte er sich zu Patrick um. „Was kann ich also für Sie tun?"

„Ich benötige Ihre Fingerabdrücke", erklärte der. „Und keine Sorge, Stempelfarbe benutzen wir heutzutage nicht mehr."

„Sie haben verdächtige Fingerabdrücke gefunden?"

„Wir haben so einige in Herrn Klesingers Wohnung gefunden."

„Und ein paar sind bestimmt von mir. Ich war öfters bei ihm unten."

„Und genau deshalb brauche ich Ihre Abdrücke zum Abgleich."

„Na gut, was soll ich tun?"

„Strecken Sie einfach Ihre Hände aus …" Patrick zückte sein Handy.

„War das alles?", wollte Novak wissen, als das letzte Foto geschossen war.

„Ich würde noch gerne wissen, wo Sie heute Mittag waren, also so ungefähr vor ein, zwei Stunden."

„Nun, hier, so ein Hemd bügelt sich nicht von allein, wissen Sie?" Novak machte eine ratlose Geste. „Warum?"

„Es gab da einen Vorfall, der in Zusammenhang mit dem Mord an Herrn Klesinger stehen könnte." Patrick drückte sich bewusst vage aus und hoffte, dass Novak nicht nachfragen würde. Leider hatte er da Pech.

„Einen Vorfall? Was denn für einen Vorfall?“ Novak machte große Augen.

„Äh, nun, es gab da einen Unfall …“ Da fiel Patrick ein, dass er ja noch etwas überprüfen musste. Und spätestens dann wäre ja ohnehin klar, worum es ging. „Deshalb würde ich gerne noch einen Blick auf Ihren Wagen werfen. Sie haben doch ein Auto? Sagte jedenfalls Herr Haber, Ihr Nachbar.“

„Ja, habe ich. Steht vor der Tür.“ Novak suchte kurz und fand dann seinen Autoschlüssel. „Kommen Sie.“

Mirko Novak fuhr einen dunkelgrünen BMW. Und die Front des Wagens war genauso einwandfrei und unversehrt wie der Rest des Fahrzeugs. Noch nicht einmal ein kleiner Kratzer war zu sehen.

„Was genau suchen Sie denn?“, bohrte Novak weiter, als Patrick den Wagen eingehend gemustert und sich wieder aufgerichtet hatte.

„Leider kann ich jetzt nicht ins Detail gehen. Sie verstehen, laufende Ermittlungen.“

„Hm.“ Novak wirkte unzufrieden, zuckte aber schließlich mit den Schultern. „Wollen Sie den Wagen auch von innen sehen?“

„Nein, Sie müssen ihn nicht extra aufschließen. Wann haben Sie denn den Wagen zum letzten Mal benutzt?“

„Der steht hier, seit ich von meiner Familie zurückgekommen bin.“

Ja, das klang plausibel, stimmte Patrick im Stillen zu. Trotzdem legte er prüfend die Hand auf die Motorhaube. Kalt. Das konnte also nicht der Wagen sein, der Auerbachs Verabredung über den Haufen gefahren hatte. Falls das überhaupt wirklich etwas mit dem Mord an Klesinger zu tun hatte. Patrick fand das ja ein wenig weit hergeholt. Aber wenn der Chef das überprüft haben wollte, dann überprüfte er das eben.

„Vielen Dank für Ihre Zeit“, verabschiedete er sich von Novak, der ihm nur unverbindlich zunickte und dann machte, dass er wieder in seine Wohnung kam, um sich herauszuputzen.

06

„Es tut mir leid, die Dame ist gerade im Schockraum zum Ultraschall“, erfuhr Auerbach von einer Schwester, als er sich endlich im Krankenhaus bis zur Notaufnahme durchgefragt hatte. „Sie ist bewusstlos. Verdacht auf ein Schädeltrauma. Der linke Arm und der rechte Oberschenkel sind gebrochen. Ob noch weitere Verletzungen vorliegen, müssen wir erst noch klären.“

„Und wann, denken Sie, kann ich mit ihr reden?“, wollte Auerbach wissen, wurde jedoch abgelenkt durch einen aufgebrachten Michael Russe, der herangestürmt kam.

„Wo ist sie? Geht es ihr gut?“, rief er. „Ich bin gerade angerufen worden … was genau ist denn passiert?“

„Herr Russe? Ah ja“, wandte sich die Schwester an ihn und schlug dabei jenen besänftigenden Ton an, den man sich immer für Leute aufhob, die gleich durchzudrehen drohten. „Ihre Freundin hatte einen Unfall. Sie wird gerade untersucht.“

„Sie ist schwanger, wissen Sie das?“, unterbrach Russe. „Im dritten Monat.“

„Ja, die Leitstelle hat uns informiert. Ihre Freundin war noch bei Bewusstsein und konnte Angaben machen. Deshalb konnten wir Sie auch anrufen.“

„Geht es dem Baby gut?“

„Es ist noch zu früh, da etwas zu sagen“, wich die Schwester routiniert aus.

„Wann kann ich Sie sehen?“, bohrte Russe weiter.

„Wie gesagt, sie wird gerade untersucht. Aber Sie können hier Platz nehmen und warten.“

Damit nickte die Schwester den beiden Männern freundlich zu und ging.

Russe sah aus, als würde er lieber nervös durch den Gang tigern. Aber schließlich setzte er sich. Auerbach nahm neben ihm Platz.

„Können Sie mir sagen, was passiert ist?“, wandte sich Russe an ihn. „Sie waren doch mit ihr verabredet!“ Es klang anklagend.

„Ja, aber als ich hinkam, war‘s schon passiert“, wehrte Auerbach ab. Nachdenklich schaute er auf den jungen Mann, der vornübergebeugt neben ihm saß, seine Hände knetete und überhaupt nicht mehr nach dem teflonbeschichteten Yuppie aussah, den Auerbach zuerst kennengelernt hatte. Er tat ihm leid. Dass er völlig mit den Nerven am Ende war und ehrlich um seine Braut bangte, war offensichtlich. Außer, er war ein guter Schauspieler, meldete sich da Auerbachs Polizeierfahrung. Wäre ja nicht das erste Mal, dass jemand die Hände ringt oder gar Tränen vergießt, und dann stellt sich heraus, dass genau dieser jemand der Täter war. Russe hatte ja eben selbst zugegeben, dass er von Auerbachs Verabredung wusste. Vielleicht gab es da etwas, was Auerbach auf keinen Fall erfahren sollte.

„Sie kommen direkt von dahcim?“, fragte Auerbach vorsichtig.

„Ja, ich hab gearbeitet. Und dann wurde ich angerufen, dass es einen Unfall gab, und bin sofort hergekommen.“

„Wurden Sie auf dem Handy angerufen?“

„Natürlich. Wie denn sonst?“

„Hm.“

„Was meinen Sie mit ‚Hm‘?“ Russe richtete sich auf und starrte Auerbach aufgebracht an.

Aber noch bevor er explodieren konnte, kam eine Dame im Arztkittel zu den beiden.

„Herr Russe? Ah ja. Ihre Freundin war bei Bewusstsein, als sie abtransportiert wurde. Leider ist sie dann ins Koma gefallen. Wir wissen noch nicht, ob nur eine Gehirnerschütterung vorliegt oder etwas Schlimmeres. Da müssen wir noch die Röntgenaufnahmen abwarten. Es gibt aber keine Anzeichen, dass der Fötus Schaden genommen hat.“

„Kann ich zu ihr?“

„Und kann ich ihr ein paar Fragen stellen?“, mischte Auerbach sich ein.

„Nein und nochmal nein“, beschied die Ärztin die beiden aber. „Sie ist noch bewusstlos und musste intubiert werden. Im Moment wird sie gerade operiert. Vermutlich wird es noch mindestens ein paar Stunden dauern, bis wir Genaueres wissen."

Als sie die enttäuschten Gesicherter der beiden Männer sah, lächelte sie aufmunternd.

„Ich schlage vor, Sie fahren nach Hause, und wir rufen Sie an, sobald sich etwas ändert."

Damit verabschiedete sie sich.

Auerbach und Russe sahen sich an.

„Na kommen S'", sagte Auerbach schließlich. „Hier können S' im Moment eh nichts tun und Sie nützen niemandem, wenn Sie nur die Zeit totschlagen."

„Als ob ich zuhause was anderes machen würde."

„Schon, aber da stehen Sie wenigstens niemandem im Weg rum." Auerbach fasste Russe an der Schulter und schob ihn in Richtung Ausgang. „Können Sie überhaupt fahren?"

„Ich bin hergekommen, oder?" Russe lachte kurz auf. Es klang bitter. Doch dann machte er eine entschuldigende Geste. „Tut mir leid. Aber ja, ich denke, es geht schon."

Als sie das Gebäude verließen, steckte sich Russe eine Zigarette an und rauchte fahrig. Auerbach blieb neben ihm stehen, als wolle er sicher stellen, dass Russe nicht zusammenbrach. Im Grunde aber wollte er ihn einfach zu seinem Wagen begleiten und einen Blick darauf werfen. Nachdem Russe mit seiner Zigarette fertig war, schien er einen Moment unschlüssig, ob er sich nicht gleich noch eine anzünden sollte. Doch als Auerbach weiter einfach geduldig stehen blieb, seufzte er nur und ging zu seinem Auto.

Wie sich herausstellte, parkte Russe nur zwei Plätze neben Auerbach. Der schaute sich das Fahrzeug verstohlen an: Mercedeslimousine, dunkles Silbergrau. Und vorn – kein bisschen beschädigt.

07

Annamirl saß vor ihrem Computer und machte sich über Igel schlau. Es war ihr ernst damit, ein Igelhäuschen aufzustellen. Bisher hatte sie lediglich jeden Herbst das Laub der Bäume in ihrem Garten zu einem Haufen aufgeschichtet, damit es möglicherweise von den Igeln oder anderen Tieren als Unterschlupf oder Winterquartier genutzt werden konnte, was aber nie geschehen war. Nun erfuhr sie, dass spätestens mit dem Klimawandel und der Tatsache, dass weniger Schnee fiel, so ein Haufen kein ausreichender Schutz für ein Tier im Winterschlaf war. Der Orkan im letzten Jahr hatte ihr außerdem gezeigt, dass so ein Haufen schnell wieder verblasen und das Zusammenrechen der Blätter eher vergebliche Liebesmüh war. Befriedigt entdeckte Annamirl gleich mehrere bereits fertig gebaute Igelhäuschen und alternativ die eine oder andere Bauanleitung. Vielleicht sollte sie mit ihrem Sohn darüber reden, wenn er vom Urlaub zurück war. Er mochte es, mit Holz zu arbeiten, und hatte ihr schon den einen oder anderen Nistkasten gezimmert. Und die beiden Mädchen waren mit Begeisterung dabei, als es galt, die Häuschen bunt zu streichen. Ganz zu schweigen von dem Futterhäuschen für den Winter. Bestimmt würden alle drei Freude an diesem neuen Projekt ihrer verrückten Oma haben.

Mit einem zufriedenen Lächeln setzte Annamirl ein Lesezeichen zur Bauanleitung und öffnete dann das Postfach ihres E-Mail-Ordners. Da war eine Nachricht von einem Bekannten, von dem sie schon länger nichts mehr gehört hatte. Erfreut über das Lebenszeichen öffnete Annamirl sie – und war sehr erstaunt, als sie den Text las:

„Ich schreibe Ihnen, weil Ich Malware auf die Porno-Website gesetzt habe, die Sie besucht haben.

Mein Virus hat all Ihre persönlichen Daten gesammelt, und hat Ihre Kamera während Ihrer Masturbation eingeschaltet.“

Annamirl stutzte. Nicht nur, dass sie nie auf einer Pornoseite gewesen war – ihr Bildschirm hatte überhaupt keine Kamera! Aber der Text ging noch weiter:

„Es gibt nun ein Doppelbildschirm-Video mit dir und den Pornofilmen die du ansiehst hast.)) Man kann dich deutlich sehen. Ich muss zugeben, Sie sind sehr pervers..... es sind befremdliche Bevorzugungen die Sie haben. Klarerweise habe ich entschieden, aufzunehmen, was Sie sehen und tun.“

Das würde ich auch gerne mal sehen, dachte sich Annamirl und schmunzelte. Interessant fand sie auch die Wortwahl und die Rechtschreibfehler. Ob das Absicht war? Oder dieser Wechsel mittendrin vom Sie zum Du und dann wieder zurück. Die Mail ging aber noch weiter und kam nun zum Zweck der Nachricht:

„Zudem hat die Software Ihre Kontakte kopiert.

Ich werde das Video löschen, wenn Sie mir 2.000 EUR in Bitcoin zahlen.

2.000 EUR = 0.1930158 BTC

Dies ist Adresse für die Zahlung :

3EVvnXiMqCQ1xxxC54gAJxSoiAjagLjZ87222

Wenn Sie die Zahlung nicht innerhalb von 48 Ştunden abschicken, werde ich dieses V1deo an alle Ihre Freunde und Bekannten schicken.

Ich weiß, wo Sie wohnen.

Ich gebe Ihnen 48 Stunden für die Zahlung.

Es ist nicht notwendig, mir zu sagen, dass Sie mir das Geld geschickt haben.

Diese Adresse ist mit Ihnen verknüpft, mein System wird alle Daten nach der Übertragung automatisch löschen.

****

Senden Sie sofort 2.000 EUR (0.1930158 BTC) an diese Adresse:

0.1930158 BTC

an diese Adresse:

3EVvnXiMqCQ1C51gAJxSoiAjagLjZ87222

(Kopieren Sie es und fügen Sie es ein)

****

1 BTC = 10.380 EUR also senden Sie 0.1930158 BTC an die oben genannte Adresse..

Wenn Sie nicht wissen, wie man Bitcoin sendet, googeln Sie es.

Sie können die Polizei einschalten, aber niemand wird Ihnen helfen können.

Wenn Sie versuchen, mich zu verarschen, werde ich das bemerken!

Ich lebe nicht in deinem Land. Also wird man mich auch nach 9 Monaten nicht finden können.

Bis bald. Denken Sie an die Schande und dass Sie ruiniert werden können.

Anonymer Hacker"

Annamirl fand das ziemlich lustig. Aber wieso ausgerechnet neun Monate? Außerdem zeugte es ja nicht gerade von der Intelligenz des Schreibers, so etwas an eine Frau zu schicken, die obendrein die siebzig schon erreicht hatte.

Sie hatte sich inzwischen daran gewöhnt, immer mal wieder Angebote für Mittel zu finden, die garantiert ihre Potenz verdreifachten, ihren Penis vergrößerten oder ihre hängenden Brüste in feste Äpfel verwandelten. Auch ‚Frauen aus Ihrer Nachbarschaft' boten immer mal wieder an, es ihr ‚zu besorgen'. Annamirl ging dann manchmal in Gedanken ihre Nachbarinnen durch und überlegte, wie die neunzigjährige Frau Wildknecht das wohl machte. Aber im Prinzip löschte sie ihren Spamordner einfach regelmäßig, und das war's.

Ihr erster Impuls war, auch diese Mail einfach zu löschen. Doch dann wurde sie nachdenklich. Wie ging man mit so etwas – auch wenn es völlig hirnrissig war – am besten um? War das ein Scherz, oder meinte der das tatsächlich ernst mit der Erpressung? Als sie mit der Maus über den Absender schwenkte, konnte sie sehen, dass hinter der Mailadresse ihres Bekannten eine ganz andere steckte. Es hätte sie aber auch wirklich erstaunt, wenn diese E-Mail tatsächlich von ihm gekommen wäre. Das war überhaupt nicht sein Humor.

Am besten informierte sie ihn sofort, dass da jemand seine Adresse missbrauchte. Und sie selbst? Vielleicht sollte sie das Passwort für ihren Account ändern. Und ein Virenscan war sicherlich auch nicht verkehrt. Aber sonst? Eine Anzeige bei der Polizei? Oder machte sie sich da lächerlich? Da fiel ihr ein, dass Sandra mit so etwas ja Erfahrung haben sollte. Die konnte sie ja um Rat fragen, wenn sie wieder heimkam. Bis dahin blieb die Mail am besten auf ihrem Rechner.

„Dass ich so etwas noch erleben darf", sagte Annamirl laut zu sich selbst, während sie ihren Computer nach dem Scan und der Passwortänderung herunterfuhr. „In meinem Alter noch so ein Sexleben! Ich bin wirklich zu beneiden."

Ihr Telefon klingelte. Es war Monika.

„Ich hab eine große Dummheit begangen“, verkündete die, „und jetzt wird es nix aus unserem Tanztee am Sonntag.“

„Wieso? Was hast du denn angestellt?“

„Ich hab mir ein Kleid gekauft.“

„Ja, und?“

„Es ist ein Traum von einem Kleid! Mit einem schwingenden Rock. Ich fand mich so schön darin, dass ich es Bernd vorführen musste.“

„Und fand er es nicht schön? Oder zu teuer?“

„Nein, er wollte wissen, wann ich das denn anziehen will. Und da hab ich gesagt, ich werde es tragen, wenn wir zwei, du und ich, am Sonntag schwofen gehen. Und jetzt will er unbedingt mitkommen! Dabei hat er zwei linke Füße und schafft es höchstens mal, sich zu einem Schieber aufzuraffen. Das heißt, er wird die ganze Zeit neben uns sitzen und gelangweilt schauen, und niemand wird uns zum Tanzen auffordern, weil alle denken, dass wir ja mit ihm tanzen wollen.“

„Hm, das ist tatsächlich ein Problem“, gab Annamirl zu, schmunzelte aber vor sich hin. „Aber eigentlich ist es ja ein Kompliment. Er scheint ein wenig eifersüchtig zu sein.“

„Eifersüchtig. Schön und gut. Aber er wird uns beiden den Tanztee verderben!“

„Da könntest du natürlich recht haben … aber ist am Sonntag nicht immer Sitzung vom Sportverein?“

„Nein, die ist am Samstag Abend. Und Bernd ist sowieso ein wenig angefressen, weil er gerne beim Training der Fußballjugend mitmachen würde. Er sagt, der jetzige Trainer ist zwar toll, aber viel zu bärbeißig. Er kann spielend einen Jungen abkanzeln, wenn er was falsch macht. Mit Lob hat er's aber gar nicht. Bernd würde das gerne ausgleichen, aber der Verein zieht nicht mit.“

„Hm. Ist der Vorsitzende des Vereins immer noch der Jochen Lammbeck?“

„Ja, schon.“

„Seine Frau Ursula ist eine ehemalige Schülerin von mir. Wir haben immer noch Kontakt. Ich glaube, ich rufe sie mal an. Zu zweit fällt uns bestimmt ein, warum Bernd am Sonntag unentbehrlich ist.“

„Du bist genial!“ Monika lachte. Doch dann wurde sie wieder ernst. „Was ist, wenn er trotzdem mit will?“

„Tja, dann … dann fahren wir mit zwei Autos und sehen zu, dass Bernd sich so richtig langweilt. Er kann dann mit eurem Auto heimfahren, wenn es ihm zu viel wird, und du fährst bei mir mit.“

„Na gut. Einen Versuch ist es wert.“

08

„Das Auto vom Novak ist in Ordnung“, erstattete Patrick bei Auerbach Bericht. „Und auf dem Stick konnten die fehlenden Dateien größtenteils wieder hergestellt werden. Es sind tatsächlich lauter Sonette. Und die waren auch noch eher peinlich, glaube ich.“

„Und was soll des sein, a Sonett?“

„Sonett ist eine Gedichtform: Vierzehn Verse sind auf vier Strophen verteilt: Die ersten beiden Strophen bestehen aus vier Versen. Die nennt man Quartette. Und die zwei folgenden Strophen haben drei Verse und heißen dementsprechend Terzette. Und dann gibt es noch die von Shakespeare, der sie in dreimal vier und einmal zwei aufteilt ...“

Patrick hatte keine Ahnung von Gedichten. Aus Annamirls Englischunterricht kannte er jedoch Shakespeares Sonette über die Frau mit den dunklen Augenbrauen. Und so war ihm an Klesingers Gedichten genug bekannt vorgekommen, um den Begriff zu googeln. Dass er dieses Wissen nun seinem Chef unterjubeln konnte, gefiel ihm. Aber nicht für lange.

„Da hab‘n S‘ halt nochmal Glück g‘habt, dass es nix anders war“, knurrte Auerbach nämlich nur unbeeindruckt. „Des Auto vom Russe ist übrigens auch in Ordnung. Ich hab‘s mir ang‘schaut, als wir zum Parkplatz beim Krankenhaus ‘gangen sind. Aber vielleicht hat er noch a anders Auto. Alibi hat er jedenfalls koans. Sagt, er war bei sich daheim im Büro, als seine Verlobte übern Haufen g‘fahren worden ist. Ich hab mir übrigens seine Finanzen ang‘schaut. So wirklich guad geht‘s ihm ja nicht.“ Er hielt Patrick die Mitteilung der Bank hin. „Der kommt grad so über die Runden. I hab mir schon so was denkt, als ich bei ihm war und er bloß die Renovierung von ein‘m Haus in der Reißn g‘habt hat. A guader Architekt entwirft doch neue Häuser, oder?“

Dazu sagte Patrick lieber nichts, denn er hatte schlicht keine Ahnung. Er fragte sich allerdings schon, wo die Häuser denn alle stehen sollten. Aber wozu sich mit dem Chef anlegen? So oder so war die Summe auf Russes Konto beunruhigend niedrig. Zu wenig Stellen links vom Komma, hätte Russe wohl gesagt. Das Erbe kam auf jeden Fall gerade recht.

„Ist die Fahndung nach dem Unfallfahrer schon raus?“, forschte Auerbach.

„Ja“, beeilte sich Patrick zu versichern, „so dürftig wie die Beschreibung auch ist. Die Kollegen haben bei der Befragung erfahren, dass es ein Dachauer Kennzeichen war. Aber das ist auch schon alles. Auf die genaue Farbe oder gar den Wagentyp konnte man sich nicht einigen. Ein kleines Auto, das ist alles. Aber wir haben alle Werkstätten in Dachau und im Landkreis informiert, dass sie Bescheid geben sollen, wenn jemand mit einem entsprechenden Unfallschaden zu ihnen kommt.“

„Erweitern S‘ den Kreis lieber“, wies Auerbach an. „Wenn ich der Fahrer wär, würd ich mindestens bis nach München fahr‘n, um den Schaden reparieren zu lass‘n.“

„Ja, Chef.“ Patrick seufzte innerlich, machte sich aber brav eine Notiz. „Ach, Chef“, wagte er dann anzumerken. „Es gibt da so Gerüchte, dass Sie vielleicht gar nicht mehr lange bei uns sind ...“

„Ach, gibt‘s die?“, brummte Auerbach mürrisch.

„Ja, und da wollte ich mal fragen ...“

„Was denn?“, schnitt Auerbach Patrick das Wort ab. „Ob Sie meinen Posten haben können?“

„Unsinn. Ich bin dafür viel zu jung!“

„Und z‘ grün. Da werden S‘ noch a paar Jahr warten müss‘n.“

„Also bleiben Sie noch ein paar Jahre?“

„Des … also … des hab i ned g‘sagt, oder?“ Langsam wurde Auerbach die Fragerei unangenehm. „Also, i geh jetzt hoam. Im Moment is hier eh nix zum macha!“, verkündete er also und marschierte davon.

Patrick schaute ihm irritiert hinterher. Doch dann breitete sich ein Grinsen auf seinem Gesicht aus. Sollte er da eben etwa Auerbach in Verlegenheit gebracht haben? Schaute ganz danach aus. Und der Grund war ziemlich offensichtlich. Er würde auf jeden Fall demnächst in Pension gehen. Jetzt musste Patrick nur noch den genauen Zeitpunkt herausfinden. Fürs Erste aber hieß das wohl, dass auch er pünktlich Schluss machen konnte. Das würde Sandra bestimmt gefallen.

09

„Bist du zu Hause?“, fragte Sandra, als Annamirl ihr Telefon abhob. „Dumme Frage, du bist ja rangegangen. Aber bist du heut Abend auch noch da? Patrick und ich wollten etwas mit dir besprechen.“

„Ja, ich bin daheim. Kommt einfach vorbei. Ist etwas passiert?“ Annamirl war beunruhigt. Patrick hatte doch hoffentlich nicht mit Sandra Schluss gemacht nach dem Essen mit seiner Kollegin Julia.

„Oja!“ Sandra klang ausgesprochen fröhlich.

Dann konnte es ja wohl nichts Schlimmes sein. Nun, sie würde sich wohl bis zum Abend gedulden müssen. Außerdem war es ohnehin nicht an ihr, sich einzumischen. Meinte zumindest das Engelchen. Zumindest nicht all zu sehr, warf das Teufelchen ein.

Als die beiden jungen Leute abends kamen, hielten sie Händchen. Ein gutes Zeichen.

„Patrick hat mich gefragt, ob wir nicht zusammenziehen wollen“, sprudelte es aus Sandra auch schon heraus, kaum dass sie sich gesetzt hatten.

„Na, da gratuliere ich aber!“, freute sich Annamirl.

„Ja, und weil Patrick doch nur so ein kleines Appartement hat, mit nur einer Kochnische …“

Annamirl nickte. Sie kannte Patricks Bleibe. Schließlich hatte sie ihm schon mal aus der Patsche geholfen, als er Sandra am Anfang der Beziehung vorschnell versprochen hatte, *Coq au Vin* für sie zu kochen, ohne zu wissen, dass das ein wenig komplizierter war als gedacht.

„Jedenfalls, es könnte eng werden, und man kann sich praktisch gar nicht aus dem Weg gehen", fuhr Sandra fort, die immer noch keine Ahnung hatte, dass sie das legendäre Abendessen damals eigentlich Annamirl verdankte, „und ich habe hier doch eine richtige Wohnung mit zwei Zimmern und einer echten Küche …"

„Ja, da dachten wir, dass ich vielleicht hier mit einziehe", brachte es Patrick auf den Punkt. „Es wäre ideal. Aber natürlich nur, wenn du nichts dagegen hast."

„Aber ihr seid doch noch gar nicht verheiratet!"

Sandra und Patrick wechselten unsichere Blicke.

„Äh, wir dachten …", meinte Patrick vorsichtig, „wir dachten, das wäre dir nicht so wichtig."

„Ist es auch nicht!" Annamirl lachte. „Tut mir leid, ich wollte euch nur aufziehen. Ich finde es sogar ganz gut, wenn man das Zusammenleben ausprobiert, bevor man heiratet. Das macht es einfacher, wenn man feststellt, dass man doch nicht zusammenpasst."

„Dann hast du also nichts dagegen?"

„Was sollte ich denn dagegen haben?" Annamirl freute sich aufrichtig. „Du kannst jederzeit hier einziehen, Patrick. Es geht mich ja eigentlich auch gar nichts an, mit wem Sandra in der Wohnung lebt."

Patrick konnte sich ein Grinsen nicht verkneifen. Rein rechtlich gesehen stimmte das natürlich. Aber es war trotzdem ratsam, seine ehemalige Lehrerin nicht zu verärgern. Schließlich wohnten sie dann Tür an Tür, und sie war immer noch die Vermieterin. Das hatte ihm zugegebenermaßen auch ein wenig Kopfzerbrechen bereitet. Aber erstens kam er wunderbar mit ihr aus, und zweitens war es ziemlich unwahrscheinlich, dass Sandra und er eine andere bezahlbare Wohnung fanden, die so ideal geschnitten war.

„Ich freue mich für euch", versicherte Annamirl, die Patricks Grinsen richtig deutete. „Ich verspreche auch, nicht einfach durch die Zwischentür bei euch hereinzuplatzen." Das wäre ihr sowieso nie eingefallen. „Und es ist ja auch schön, einen Mann im Haus zu haben."

Odin, der zu ihren Füßen saß, bellte protestierend, als hätte er sie verstanden. „Einen zweibeinigen Mann." Annamirl streichelte den Hund zur Beruhigung. „Und noch dazu einen Polizisten."

Loki kam nun auch angetrottet, und Sandra beugte sich nach vorn, um ihn zu kraulen.

„Gut, damit ist es ausgemacht", stellte Annamirl zufrieden fest. „Ich denke, das sollten wir feiern. Habt ihr schon zu Abend gegessen? Nein? Perfekt! Marina hat mich mit Antipasti versorgt. Und wie immer hat sie mir viel zu viel für mich allein mitgegeben. Und es wäre doch schade, wenn das alles schlecht wird. Und dazu Baguette?“

„Gerne.“

„Sehr gut. Ich finde, dazu passt Rotwein ganz besonders gut. Ich mache eine Flasche auf und lasse den Wein ein wenig atmen. Wollt ihr schon mal den Tisch decken? Ihr wisst ja, wo alles steht.“

Wenig später stellte Annamirl eine große Platte mit allerlei Leckereien aus Gemüse, Wurst und Fisch auf den Tisch. Und dazu eine Flasche Wein.

„Wie geht es denn mit dem Fall voran, Patrick?“, wollte Annamirl wissen, nachdem sich alle bedient hatten.

„Och, heute können wir nicht mehr viel machen“, erklärte Patrick und biss in eine Bruschetta. „Hm, köstlich.“ Er schob sich den Rest in den Mund. „Stell dir vor: Jemand hat die Verlobte von Michael Russe über den Haufen gefahren.“

„Du meine Güte! Wurde sie schlimm verletzt?“

„Sie ist im Moment bewusstlos, scheint aber stabil zu sein. Der Auerbach glaubt nicht an einen Zufall. Also gehen wir der Sache nach. Es gibt eine Menge Zeugen, aber natürlich hat sich keiner die Autonummer gemerkt. Und sie sind sich noch nicht mal einig, ob es ein silberner, ein weißer oder ein grauer Wagen war. Geschweige denn vom Fabrikat. Nur, dass es ein kleiner Wagen war, da haben alle Zeugen übereingestimmt. Jetzt läuft natürlich eine Fahndung, und wir prüfen, ob eine der zahlreichen Bekanntschaften von Klesinger ein passendes Auto fährt. Wenn wir die Ergebnisse haben, müssen wir die Autos begutachten. Es müsste vorne durch den Aufprall eine Beschädigung geben. Aber bis wir was Konkretes haben, hängt der Fall ein wenig in der Luft. Ich habe noch die Fingerabdrücke von Mirko Novak eingesammelt und sein Auto begutachtet. Er fährt einen schwarzen BMW, und der ist unversehrt. Da kommt er erstmal nicht in Frage."

„Nein, das ist wirklich eher unwahrscheinlich", stimmte Annamirl zu. „Sie muss irgendetwas gewusst haben … Ach, die Arme. Dabei hat sie sich doch so auf heute Abend gefreut. Wann ist es denn passiert?"

„Heute Mittag, Kurz vor zwölf. Der Chef wollte sich i*n Elli's Cafe* mit ihr treffen. Als er ankam, war es gerade erst passiert."

„Was?" Annamirl ließ ihr Glas fallen, das klirrend auf dem Parkett zersprang. Der Rotwein spritzte in alle Richtungen, auch auf ihre Kleidung. Sie starrte Patrick ungläubig an.

„Wir müssen los!", rief sie dann unvermittelt und sprang auf.

„Los? Jetzt sofort? Wohin denn?"

Sandra und Patrick schauten sie fassungslos an.

„Ja, sofort. Ich weiß, wer der Mörder ist. Und wenn wir uns nicht beeilen, gibt es womöglich noch einen Mord.“ Annamirl bedeutete Patrick, ihr zu folgen.

„Willst du dich nicht erst umziehen?“

„Keine Zeit.“ Ungeduldig holte Annamirl bereits ihre Autoschlüssel aus der Tasche. „Tut mir leid Sandra, die Feier muss warten.“

„Ich komme mit“, erklärte Sandra und stand ebenfalls auf.

„Auf keinen Fall“, behauptete Patrick, der sich von Annamirls Eile hatte anstecken lassen, aber trotzdem versuchte, nüchtern und professionell zu bleiben.

„Nein, Kind, du musst hierbleiben“, drängte auch Annamirl. „Irgendwer muss auf die Hunde aufpassen. Außerdem musst du Verstärkung rufen.“

„Also, nur auf so einen vagen Verdacht hin …“, wagte Patrick einzuwenden.

„Das ist kein vager Verdacht!“, herrschte Annamirl ihn da so heftig an, dass er erschrak. „Nun komm schon, Patrick, jede Minute zählt.“

Annamirl bestand darauf, dass sie ihren Wagen nahmen. Während sie nach Gröbenzell fuhren, klärte sie Patrick über ihre Theorie auf. Patrick musste zugeben, dass es logisch klang. Aber Auerbach würde ihn in der Luft zerfetzen, wenn er herausfand, dass er aufgrund der Schlussfolgerungen seiner ehemaligen Lehrerin einem Verdächtigen auf den Pelz rückte. Noch dazu mit eben dieser Lehrerin im Schlepptau. Dass Auerbach Annamirl obendrein nicht leiden konnte, war dabei noch das geringste Problem.

„Ich glaube wirklich, dass das eine dumme Idee ist", wagte er einzuwenden, als Annamirl einparkte.

„Ach, wirklich?" Annamirl stieg aus. „Dann schau dir mal den Wagen hinter uns an."

Da stand ein silberfarbener Polo – das Glas des linken Vorderlichts war zersplittert und das Blech drumherum eingedrückt. Patrick beugte sich hinunter. Da waren ein paar dunkle Flecken. Möglicherweise war das tatsächlich Blut.

„Okay, das sieht wirklich verdächtig aus", gab er langsam zu. „Wir sollten die Kollegen rufen."

„Aber das hat Sandra doch bestimmt schon getan! Und ich schwöre dir, es zählt jede Minute."

„Aber was sollen wir denn machen? Etwa die Tür eintreten? Womöglich ist dieser Russe gar nicht daheim, sondern hält im Krankenhaus die Hand seiner Verlobten!"

„Unsinn. Hast du nicht gesagt, er wohnt in der Maisonettewohnung? Schau, da brennt Licht!"

Annamirl marschierte zielstrebig auf die Eingangstur zu.

In dem Moment kam gerade ein älterer Mann mit seinem Hund heraus. Annamirl ließ ihn mit einem freundlichen Nicken vorbei und hielt dann die Tür auf, bevor die wieder ins Schloss fiel.

„Kommst du endlich?“, rief sie Patrick ungeduldig zu. „Oder soll ich alles alleine machen?“

Mit einem Seufzer folgte ihr Patrick. Hatte er eine andere Wahl? Immerhin hatte er so die Chance, einzugreifen, wenn es peinlich wurde.

Wenig später standen sie vor Michael Russes Wohnungstür.

„Und was jetzt?“, fragte Patrick. „Ich kann die Tür unmöglich aufbrechen.“

„Brauchst du auch gar nicht. Schau, sie ist nur angelehnt.“ Annamirl drückte dagegen. „Sie klemmt ein wenig.“

Richtig, fiel es Patrick ein, Russe hatte ja selbst gemeint, dass er sich dringend darum kümmern müsste. Anscheinend war er noch nicht dazu gekommen.

Annamirl war inzwischen bereits in die Wohnung gehuscht, und wohl oder übel musste Patrick hinterher. Verärgert stellte er fest, dass er es Annamirl nachmachte und auf Zehenspitzen schlich. Da blieb Annamirl stehen und legte warnend den Finger auf die Lippen. Im offenen Wohnbereich vor ihnen waren Stimmen zu hören.

„Freust du dich denn gar nicht, Liebling? Es ist endlich geschafft!“ Annamirl erkannte die Stimme dieser Frau sofort wieder.

„Ich weiß gar nicht, was Sie meinen!“ Das musste Russe sein.

„Oh, du kannst endlich das Theater lassen!“ Die Frau lachte. „Deine Tante ist tot, und du bist der Erbe. Und jetzt ist auch noch deine sogenannte Verlobte mitsamt dem Kuckuckskind aus dem Weg, und du kannst dich zu mir bekennen. Ich werde natürlich bei dir einziehen und …“

„Wovon reden Sie denn da? Ich kenne Sie doch gar nicht!“

„Aber natürlich tust du das. Und du liebst mich. Das weiß ich, du hast es mir deutlich gezeigt.“

„Wie kommen Sie denn da drauf?“

„Du warst immer so nett zu mir und so aufmerksam. Letzten Valentinstag hast du mir einen wundervollen Blumenstrauß geschenkt!“

„Das war doch nur, weil meine Tante ihn nicht haben wollte.“

„Und was ist mit dem Ring? Du hast mir unseren Verlobungsring gezeigt! Natürlich konntest du ihn mir nicht gleich geben, weil unsere Liebe ja geheim bleiben musste. Aber das ist ja jetzt vorbei. Ja, ich denke, eine Hochzeit Anfang September wäre ideal …“

„Wie bitte? Was denn für eine Hochzeit? Den Ring habe ich Ihnen doch bloß gezeigt, weil ich die Wartezeit rumkriegen wollte, bis meine Tante fertig war. Mir ist nichts mehr eingefallen, worüber ich mich mit Ihnen unterhalten sollte. Aber der Ring war natürlich für Gaby, meine Verlobte …“

„Du redest Unsinn. Natürlich fühlst du dich verpflichtet, weil sie schwanger ist. Das Kind ist natürlich nur untergeschoben, aber so ein feiner Mensch wie du fühlt sich trotzdem in der Pflicht. Ich verstehe das. Aber keine Sorge, ich habe mich darum gekümmert.“

„Was?“

„Na, ich hab mich drum gekümmert, wie ich mich auch um diesen Arnold Klesinger gekümmert habe.“
„Sie sind ja verrückt!“

„Nenn mich nicht verrückt!“

„Ich … ich … Was soll denn das? Was soll denn die Pistole? Was wollen Sie eigentlich?“

„Du wirst mich jetzt sofort lieben!“

„Hä?“

„Du musst mich lieben. Ich weiß genau, dass du mich liebst. Aber du musst es mir jetzt, jetzt und hier, sofort sagen.“

„Wie käme ich denn … legen Sie die Waffe weg. Dann reden wir.“

„Oh nein. Sag es. Sag es!“

„Ich … das geht nicht.“

„Was soll das heißen? Hast du mich etwa nur benutzt? Damit ich die Drecksarbeit für dich erledige?“

„Legen Sie die Waffe weg!“

„Hände hoch, Polizei!“ Patrick sprang nach vorne und riss die Frau um, die gerade ihre Waffe auf Michael Russe richtete. Ein vernehmliches *‚Klick‘* war zu hören. Aber die erwartete Kugel blieb aus.

Patrick entwandt der Frau die Waffe und stieß sie mit dem Fuß außer Reichweite. Er drehte die Hände der Frau auf den Rücken und fesselte sie mit einem Kabelbinder.

„Marlis Seebohm, ich nehme Sie fest wegen des Verdachts an dem Mord an Arnold Klesinger und versuchtem Mord an Gabriele Höger, der Verlobten von Herrn Russe. Sie haben das Recht zu schweigen …“ leierte er sein Sprüchlein herunter. Dann packte er die sich sträubende Frau fest am Oberarm und zog sie auf die Beine.

„Lassen Sie mich los!“, verlangte sie und versuchte sich loszureißen. „Liebling, tu doch etwas!“ Sie schaute flehend zu Russe.

Der saß wie festgefroren auf seinem Sofa und starrte nur vollkommen verwirrt ins Leere. Annamirl aber bückte sich und betrachtete die Pistole. Natürlich, ohne sie zu berühren. Sie war schließlich versierte Krimileserin.

„Meine Güte, Patrick. Das hätte ganz schön ins Auge gehen können!“

„Nein, nicht wirklich. Die Waffe war ja die ganze Zeit gesichert.“

„Wirklich? Wie hast du das so schnell erkannt?“

„So was weiß man als Polizist.“ Patrick grinste schief. „Ist ja schließlich wichtig zu wissen, ob man ernsthaft in Gefahr ist oder nicht.“

„Und wo hast du den Kabelbinder her?“, forschte Annamirl neugierig weiter. Sie konnte nicht anders. „Was ist aus den guten alten Handschellen geworden?“

„Die Handschellen liegen im Büro“, erklärte Patrick. „Meine Dienstwaffe übrigens auch. Schließlich war ich bis eben nicht im Dienst. Aber Kabelbinder hab ich immer dabei. Den Tipp hat mir mal ein Kollege gegeben, als ich noch auf Streife war.“

„Clever!“

„Was … was ist hier eigentlich los?“ Russe schien endlich wieder zu sich zu kommen.

„Sie scheinen einen tiefen Eindruck auf Marlis gemacht zu haben.“ Annamirl wandte sich ihm zu.

„Marlis?“

„Sie wussten noch nicht einmal, dass der Vorname von Frau Seebohm Marlis ist?“

„Nein! Sie ist die Sekretärin des Anwalts meiner Tante. Das ist alles, was ich weiß.“

„Assistentin! Ich bin doch keine einfache Sekretärin.“ Marlis versuchte erneut, Patrick abzuschütteln. Vergeblich.

„Ah, die Verstärkung“, stellte Patrick erleichtert fest, als eine Polizeisirene zu hören war. Die ganze Situation kam ihm so surreal vor, dass er sehr froh darüber war, Hilfe von ein paar unvoreingenommenen Kollegen zu bekommen.

Bald darauf kamen zwei Polizisten durch die noch immer offen stehende Tür in die Wohnung und blickten ein wenig irritiert auf das Bild, das sich ihnen bot: Ein junger Mann hielt eine gefesselte Frau fest, eine alte Frau mit roten Flecken überall stand daneben, und auf dem Sofa saß ein weiterer Mann, der aussah, als stünde er unter Drogen oder unter Schock.

„Guten Abend", sagte der Mann, der die gefesselte Frau festhielt, „ich bin Patrick Scholl vom K 11 Fürstenfeldbruck."

„Ach, tatsächlich?" Einer der beiden Polizisten wandte seine Aufmerksamkeit Patrick zu.

„Ja, tatsächlich. Mein Ausweis steckt in meiner rechten Hosentasche. Bitte holen Sie ihn doch selber raus. Ich kann g'rad schlecht."

Der Polizist tat, wie ihm geheißen.

„Ah, alles klar", erklärte er, nachdem er den Ausweis eingehend studiert hatte. „Eine Frau Schmidt hat uns angerufen. Sie gab an, Ihre Kollegin zu sein."

„Ja, das stimmt. Und das hier ist Frau Marlis Seebohm. Ich habe sie festgenommen, weil der Verdacht besteht, dass sie Herrn Arnold Klesinger ermordet hat ..."

„Es war ein Unfall!“, protestierte Marlis. „Ich wollte nur mit ihm reden, aber er hat nicht zugehört.“

„… und wegen des Verdachts auf versuchten Mord an Gabriele Höger.“

„Das war überhaupt kein Mordversuch. Sie lief mir vor den Wagen.“

„Ah ja, verstehe“, nickte der Polizist unbeeindruckt.

„Liebling, sag doch auch mal was! Ich hab doch alles nur für dich getan“, flehte Marlis Russe an, als der Polizist sie am Arm nahm.

„Hmpf“, machte Russe.

„Herrn Michael Russe gehört die Wohnung hier“, erklärte Patrick auf den fragenden Blick des Polizisten.

„Steht er auch unter Verdacht?“

„Nein.“

„Gut.“ Der Polizist wandte sich Annamirl zu. „Sind Sie verletzt?“ Er schaute mit großen Augen auf Annamirls Bluse.

„Nein. Nein, keine Sorge, das ist nur Rotwein“, wehrte Annamirl ab.

„Und zu wem gehören Sie? Sind Sie die Mutter von Herrn Russe?“

„Nein, ich bin nicht die Mutter. Mein Name ist Annemarie Hofstetter.“

„Dann sind Sie eine Nachbarin?“

„Nein, ich wohne in Karlsfeld.“

„Das ist jetzt vielleicht ein bisschen kompliziert", ging Patrick schnell dazwischen. „Ich werde das später klären. Fürs Erste reicht es, wenn Sie Frau Seebohm in Gewahrsam nehmen."

„Na gut, wie Sie meinen." Der Polizist schenkte Patrick einen zweifelnden Blick, nickte dann aber seinem Kollegen zu, und die beiden führten Marlis ab.

„Das ist alles nur ein Missverständnis", beteuerte die, ging aber brav mit. „Keine Sorge, Liebling, ich bin bald wieder zurück", rief sie Russe noch über die Schulter zu. „Und dann machen wir's uns gemütlich."

„Ich sollte jetzt wohl besser den Auerbach anrufen", stellte Patrick fest, als sie wieder allein waren. „Oh Mann, der wird mich in der Luft zerreißen."

„Unsinn", versuchte Annamirl ihn zu beruhigen. „Du hast den Fall gelöst. Die Mörderin wurde verhaftet."

„Festgenommen."

„Ja, richtig. Aber das ist doch eigentlich nur noch eine Formsache. Sie hat ja alles zugegeben."

„Kann mir mal einer erklären, was eigentlich los ist?", fragte da Russe. „Diese … Verrückte … kam zu mir und meinte, sie hätte noch etwas wegen dem Erbe zu klären. Da hab ich sie reingelassen. Und dann …"

„Es war ein Riesenglück, dass Sie die Tür nicht richtig zugemacht haben", stellte Annamirl fest.

„Sie klemmt. Ich hätte mich längst drum kümmern sollen“, murmelte Russe. Annamirl hatte das Gefühl, dass er das nicht zum ersten Mal sagte. „Man muss sie heftig zuschlagen. Oder mühselig anheben. Die Nachbarn gegenüber haben erst vor kurzem ein Baby bekommen. Da wollte ich keinen so großen Krach machen. Ich dachte ja auch, sie geht gleich wieder, diese Frau Seebohm.“ Er musterte Annamirl. „Wer sind Sie eigentlich?“

„Meine Name ist Annemarie Hofstetter“, stellte Annamirl sich noch einmal vor. „Ich habe die Leiche Ihrer Tante gefunden … und wurde dann irgendwie weiter in den Fall verwickelt.“ Ihre Begeisterung dafür ließ sie lieber unerwähnt. „Ich habe denselben Anwalt wie Ihre Tante.“

„Ah, ich dachte mir doch, dass ich Sie schon mal irgendwo gesehen habe! Gestern in der Kanzlei, oder?“ Er fischte in seiner Hosentasche herum und zog ein Päckchen Zigaretten hervor. „Entschuldigung, aber ich muss jetzt unbedingt eine rauchen …“ Er schaute sich suchend um. „Eigentlich sollte ich ja nicht hier drin. Aber ich glaube, das ist mir jetzt mal ganz egal.“ Vor ihm stand eine leere Tasse. Russe zündete sich eine Zigarette an und entfremdete die Untertasse als Aschenbecher.

Annamirl schaute ihm verständnisvoll zu. Sie fand ihn sympathisch. Und kein Wunder, dass er so Rücksicht auf die Nachbarn und ihr Baby nahm. Er wurde schließlich selbst Vater. Da fiel ihr etwas ein.

„Woher wusste Marlis eigentlich von dem Baby?“, wollte sie wissen.

„Ich habe es selbst erst gestern erfahren.“ Trotz seines geschockten Zustands lächelte Russe. „Ich war ganz aus dem Häuschen. Und dann musste ich zu Doktor Laumann wegen ein paar Unterschriften. Ich will das Haus meiner Tante verkaufen, wissen Sie? Was soll ich denn damit?“ Er hob die Zigarette an die Lippen und inhalierte tief. „Jedenfalls, als ich fertig war, bot mir die Seebohm einen Kaffee an. Ich hatte ein bisschen Zeit und ich musste unbedingt bei jemandem loswerden, dass ich Vater werde. Also hab ich ihr davon erzählt.“

„Sie haben ihr überhaupt sehr viel von sich erzählt.“

„Nein, eigentlich nicht. Es war nur so, dass ich meine Tante oft mal zum Anwalt begleitete. Sie hatte keinen Führerschein, also hab ich sie gefahren und ich wollte nicht im Auto rumsitzen und warten. Wenn ich also sonst nichts zu erledigen hatte, bin ich mit rauf und hab ein bisschen Konversation gemacht. Die Seebohm hat mir zugegebenermaßen auch ein wenig leid getan. Sie schien einsam zu sein. Sie ist ja auch nicht unbedingt eine Schönheit und eigentlich ziemlich langweilig.“

Ja, stimmte Annamirl ihm in Gedanken zu. Marlis war sogar so einsam gewesen, dass sie sich eine eigene Welt mit einem Traummann erschaffen hatte.

„Wenn es Ihnen nichts ausmacht, sollten Sie uns aufs Revier begleiten“, bat Patrick. Er sah nicht gerade glücklich aus. „Du übrigens auch, Annamirl. Der Chef erwartet uns dort.“

10

„Nehmen S' doch einen Moment Platz", forderte Auerbach Michael Russe freundlich auf. „Ich bin gleich bei Eahna." Dann schaute er Patrick und Annamirl an, und seine Miene verdüsterte sich. „Scholl. Zu mir. Sie aa, Frau Hofstetter!"

„So, und jetzt erklär'n S' mir mal, was da passiert ist", forderte er Patrick auf, als sie dann in seinem Büro saßen. „Und zwar so, dass i des aa kapier. Weil anscheinend bin i z' bläd dafür."

Er schaute Patrick erwartungsvoll an. Doch der wusste, dass sein Chef innerlich kochte und nur nach einem Grund suchte, um zu explodieren.

„Ja also, das war so", begann er dementsprechend beklommen, „ich war bei Frau Hofstetter …"

„Und warum das?"

„Na ja, meine Freundin …"

„Die Sandra Schmidt von der IT?"

„Ja, genau die. Also, sie wohnt da."

„In der Nachbarschaft?"

„Eigentlich mehr im selben Haus. Sie ist … äh … die Mieterin von Frau Hofstetter. Und … und … wir haben beschlossen zusammenzuziehen."

„Glückwunsch. Und was hat des mit unser'm Fall zum tun?"

„Eigentlich gar nichts. Aber weil Frau Hofstetter doch die Leiche von Frau Russe gefunden hat … und auch noch denselben Anwalt hat …“

„So ein Zufall“, ätzte Auerbach und warf Annamirl einen argwöhnischen Seitenblick zu.

„Na ja, jedenfalls kam sie mit der Sekretärin dieses Anwalts ins Gespräch“, fuhr Patrick fort und fuhr sich innen an seinem Hemdkragen entlang, der plötzlich viel zu eng schien, „und die erzählte ihr von einer heimlichen Verlobung mit Herrn Russe …“

„Hm“, brummte Auerbach unzufrieden. Auf die Idee, die Sekretärin zu verdächtigen, wäre er nie gekommen. Zumindest nicht so schnell, sagte er sich dann aber. Über kurz oder lang wäre sie bestimmt noch in seinen Fokus geraten. Diese Hofstetterin hatte einfach das Glück gehabt, als erste über das entscheidende Puzzleteil zu stolpern.

„Und davon hat sie Eahna dann erzählt, und Sie hab’n draus geschlossen …“, bot er Patrick ein wenig versöhnlicher an. Wenn der Bua wenigstens so weit mitgedacht hatte … aber nein!

„Nein, eigentlich hab ich den ganzen Zusammenhang von Frau Hofstetter erklärt bekommen, als wir nach Gröbenzell unterwegs waren“, gab Patrick zu.

Auerbach riss sich zusammen, um nicht gleich aus der Haut zu fahren. Da gab es noch einen Punkt, der vorher geklärt werden musste:

„Und wieso war die Frau Hofstetter überhaupt dabei bei dem Russe?“

„Ja, also … ich hatte schon Rotwein getrunken und wollte, konnte nicht mehr fahren …“, stotterte Patrick.

Da legte ihm Annamirl die Hand auf den Arm.

„Sehr lieb von dir, dass du mich in Schutz nehmen willst“, sagte sie heiter. „Aber wissen Sie, es war ganz anders“, wandte sie sich an Auerbach. „Ich wusste plötzlich, dass Marlis die Täterin war. Alles passte zusammen. Und ich wusste, dass sie sich mit Michael Russe treffen wollte, weil sie mir das selbst erzählt hat. Dass das eine Katastrophe werden würde, weil Herr Russe ja gar nichts von seinem Glück wusste, war abzusehen. Ich fürchtete, es könnte zu noch einem Mord kommen und wollte deshalb hinfahren, um das zu verhindern. Patrick wollte mich davon abhalten. Aber ich war fest entschlossen. Und wenn er mich nicht mit Gewalt daran hindern wollte, blieb ihm nichts anderes übrig als mitzufahren.“

Auerbach atmete tief durch.

„Anscheinend denken Sie, Sie sind Miss Marple oder so, ja?“, donnerte er dann los. „Was denken Sie sich da eigentlich? Erst verschweig’n Sie Informationen, die für uns wichtig sind, und dann woll’n S’ aa no a Verdachtige festnehmen?“

„Ich wusste doch nicht, dass das wichtig war“, verteidigte sich Annamirl, schmunzelte aber dabei, was Auerbach noch mehr auf die Palme brachte. „Und von Festnehmen kann gar keine Rede sein. Ich weiß durchaus, dass mir das nicht zusteht. Ich wollte ein weiteres Verbrechen verhindern!"

„Für so ebbs gibt's uns!"

„Genau. Deswegen war ja Patrick dabei …"

Auerbach holte tief Luft, um Annamirl anzuschreien, hielt dann aber inne. Ihre Logik machte Sinn. Auf eine verdrehte Art und Weise, aber trotzdem. Wütend, aber auch ein wenig verwundert musste Auerbach feststellen, dass er in dieser alten Frau seinen Meister gefunden hatte. Das konnte ja noch heiter werden! Doch dann fiel ihm ein, dass ihm das ja ganz egal sein konnte. In vier Monaten würde er der Polizei den Rücken kehren und um all die Eskapaden, die sich Annamirl Hofstetter dann vielleicht leistete, durfte sich jemand anders kümmern.

So kam es, dass Auerbach seine beiden Gegenüber plötzlich anlächelte, was Patrick erheblich irritierte und sogar Annamirl ein wenig aus der Fassung brachte.

„Machen Sie sowas nie wieder", sagte Auerbach zu Annamirl, aber es klang beinahe fröhlich.

11

„Frau Seebohm, wir haben Sie festg'nommen, weil Sie im Verdacht stehen, Herrn Arnold Klesinger erschlagen zu haben. Und wegen des Verdachts, dass Sie Frau Gabriele Höger in Tötungsabsicht überfahren haben." Auerbach saß Marlis im sogenannten Verhörraum gegenüber. Eigentlich war es das Büro, in dem normalerweise die Schreibkräfte arbeiteten. Die mussten dann bei einem Verhör immer ihre Plätze räumen. So spät in der Nacht war das aber nicht mehr nötig. Auerbach hatte Marlis aufgeklärt, dass die Vernehmung aufgezeichnet werden würde, hatte für das Protokoll sich selbst, Patrick neben sich und die beiden Kollegen in Uniform, die die Tür sicherten, aufgezählt. Er vergaß auch nicht, Marlis darauf hinzuweisen, dass sie einen Anwalt hinzuziehen konnte. Doch die schüttelte nur lächelnd den Kopf. Dann saß sie nur da und schaute Auerbach und Patrick mit großen unschuldigen Augen an.

„Ich weiß ehrlich nicht, was ich hier soll", hauchte sie. „Es muss sich um einen furchtbaren Irrtum handeln. Diese Menschen kenne ich ja alle noch nicht einmal."

„Aber Sie haben doch g'wusst, dass Herr Klesinger Frau Afra Russe beerben sollte."

„Ja, das habe ich gewusst. Hören Sie, ich bin die rechte Hand von Doktor Laumann. Natürlich kenne ich seine Schriftsätze!“

„Und Sie kennen Herrn Michael Russe.“

„Selbstverständlich. Er hat seine Tante meistens begleitet.“

„Und gewartet, während seine Tante bei Herrn Laumann war.“

„DOKTOR Laumann! Und ja, hin und wieder hat Herr Russe gewartet.“

„Und Sie haben sich mit ihm unterhalten.“

„Ja, auch das. Man ist ja höflich, nicht wahr?“

„Und Sie haben nie etwas Persönlicheres …“

„Oh bitte!“ Marlis lachte höhnisch auf. „Das ist jetzt nicht Ihr Ernst, oder? Michael Russe! Also wirklich. Ich meine, er hat mir Avancen gemacht, ja. Aber das ist nichts Besonderes. Die meisten Männer tun das.“

Das bezweifelte Auerbach. Diese Frau da vor ihm war alles andere als eine Schönheit. Sie hatte schöne Augen, ja. Und ihr blondes Haar war wunderbar. Aber irgendwie fand er sie gruselig. Als ob jemand lauter hübsche Einzelteile genommen und zusammengesetzt hatte, um sich dann zu wundern, dass das Ganze vorn und hinten nicht zusammenpasste.

Nein, es war kein bisschen glaubwürdig, dass sie sich vor Verehrern kaum retten konnte.

„Ich war natürlich höflich, wie ich schon sagte“, redete Marlis derweil weiter. „Als Assistentin eines Anwalts hat man ja nunmal Pflichten.“

„Und was haben Sie dann heute Abend in der Wohnung von Herrn Russe g’macht?“

„Ich wollte ihm mitteilen, wie der Stand in Sachen Erbschein ist. Den brauchen wir vor allem für die Banken. Die sind da immer ein wenig zickig, wenn keine Bankvollmacht da ist.“

„Dann hat Ihr Chef Sie also hing’schickt?“

„Nun … nein.“ Jetzt wirkte sie zum ersten Mal ein wenig verlegen, aber der Moment war so kurz, dass Auerbach sich fragte, ob er sich da nicht geirrt hatte. „Ich dachte einfach, er sollte Bescheid wissen.“

„Und deshalb haben Sie eine Pistole dabei g’habt?“

„Die habe ich immer dabei. Ein Mädchen muss sich schützen können.“

„Haben Sie einen Waffenschein?“

„Äh … nein, ich wusste nicht, dass man so etwas braucht.“ Marlis fuhr sich nervös durch die Haare. „Ich hab die Pistole … sie ist von meinem verstorbenen Vater. Ich habe sie gefunden, in einer Schachtel auf dem Dachboden, als ich die Wohnung meiner Eltern ausräumte, nachdem auch meine Mutter gestorben war.“

„Aber es ist doch allgemein bekannt, dass man Waffen nur mit Waffenschein haben darf!“

„Aber ich habe sie doch nur zur Abschreckung dabei gehabt. Ich wusste doch noch nicht einmal, ob sie geladen ist. Oder wie man mit ihr umgeht. Ihr Kollege hat doch selbst gesagt, dass sie die ganze Zeit gesichert war. So haben Sie sich doch ausgedrückt, oder?“ Sie schaute von Auerbach zu Patrick. Plötzlich schlug sie mit der flachen Hand auf den Tisch: „Ich verstehe nicht, warum ich so von Ihnen beschuldigt werde! Ich bin aus Nettigkeit zu ihm gefahren, und dann hat er mich bedrängt, und ich musste mich verteidigen.“

„Herr Russe hat doch die ganze Zeit auf dem Sofa g'sessen. Und Sie haben ihm erzählt, dass Sie Herrn Klesinger erschlagen haben.“

„Nein, nein, nein. Das muss ein Missverständnis sein. Wenn Herr Russe das behauptet, ist er ein Lügner.“

„Herr Scholl hier …“, Auerbach wies auf Patrick, „hat Sie genau g'hört …“

„Der ging mir doch selber an die Wäsche!“

„Ich hab Sie entwaffnet!“, warf Patrick aufgebracht ein, schwieg aber sofort wieder, als Auerbach ihn warnend anschaute.

„Und die ebenfalls anwesende Frau Hofstetter hat es auch mitang'hört.“

„Ich … nein … das stimmt nicht! Die haben sich alle gegen mich verschworen, um mir etwas anzuhängen.“ Marlis warf den Kopf zurück. „Hier ist es übrigens bemerkenswert unordentlich“, stellte sie plötzlich fest und ließ den Blick durch den Raum schweifen. „Sie bräuchten mal ein ordentliches Ablagesystem. Ich könnte Ihnen da helfen.“

„Lass’n S’ mal die Ablage unsere Sach’ sein. Warum sollten sich denn drei Leut’ gegen Sie verschwören?“

„Nun, man braucht doch immer einen Sündenbock, nicht wahr?“ Marlis schüttelte milde den Kopf. „Jemand anders fiel Ihnen wohl nicht ein.“

„Nun gut, lassen wir das erst mal. Sie haben g’sagt, dass Sie noch nie in der Wohnung von dem Herrn Klesinger waren?“

„Ich kenne diesen Herrn Klesinger überhaupt nicht persönlich und war auch noch nie bei ihm.“

„Hm …“ Auerbach ließ sich Zeit. „Sie wissen, dass wir vorhin Ihre Fingerabdrück’ g’nommen haben, net wahr?“ Er lächelte Marlis an. „Und wir hab’n extra einen Kollegen g’holt, der die Fingerabdrücke verglichen hat.“

„Verglichen?“ Nun schaute Marlis alarmiert drein. „Verglichen womit?“

„Mit einem Abdruck, den wir in der Wohnung von Herrn Arnold Klesinger g’funden haben.“ Auerbach machte eine kleine Pause. „Und was soll ich Ihnen sag’n – die Abdrücke stimmen überein! Sie waren eindeutig schon mal in dessen Wohnung.“

„Ähm … ja. Vielleicht. Ich kann mich nicht erinnern. Aber ich mache oft diverse Besuche für Doktor Laumann. Unmöglich, die alle im Kopf zu behalten. Wenn überhaupt ist es auf jeden Fall schon länger her."

„Na gut." Auerbach unterdrückte den Impuls, laut zu fluchen. Diese Frau ihm gegenüber war anscheinend entweder komplett verrückt oder eiskalt. „Etwas anderes: Ihr Auto ist vorn links beschädigt." Er holte ein Foto hervor und legte es vor Marlis. „Das ist doch Ihr Auto?"

„Ja." Marlis lächelte verlegen. „Das ist jetzt ein bisschen peinlich. Bei einem Ausflug lief ein Reh vor mir über die Straße. Ich habe eine Vollbremsung hingelegt, und das Reh lief weiter. Da dachte ich, es sei nichts weiter passiert. Obwohl ich zugeben muss, dass es ein wenig gerummst hat. Als ich dann zu Hause ausstieg, fiel mir die Beschädigung vorne am Auto auf. Aber da war es schon zu spät." Sie machte eine bedauernde Geste. „Ich bin bisher noch nicht dazu gekommen, den Schaden reparieren zu lassen. Ich brauche den Wagen, um in die Arbeit zu kommen. Mit dem Bus dauert es immer eine halbe Ewigkeit."

„Wir werden den Wagen untersuchen", drohte Auerbach. „Und ich bin mir sicher, dass wir Blutspuren finden werden. Selbst wenn Sie die Flecken abg'waschen haben, werden unsere Experten noch ebbs finden. Verlass'n Sie sich drauf."

„Dann wünsche ich Ihnen viel Erfolg.“ Marlis lächelte noch immer, wenn auch ein wenig angestrengter. Aber vielleicht bildete er sich das auch nur ein.

„Nun gut, lassen wir das für heute“, gab er schließlich auf.

„Sehr gut. Dann gehe ich jetzt.“ Marlis erhob sich.

„Nein, Sie gehen nicht. Oder zumindest nicht aus diesem Gebäude. Sie stehen unter dringendem Mordverdacht. Meine Kollegen …“, Auerbach deutete auf die Beamten an der Tür, „werden Sie zu einer unserer Zellen im Keller begleiten.“

„Aber nein, ich muss nach Hause!“ Zu Auerbachs Befriedigung sah Marlis jetzt richtig alarmiert aus.

„Haben Sie ein Haustier, das versorgt werden muss?“, erkundigte er sich fürsorglich.

„Nein“, schüttelte Marlis den Kopf.

„Benötigen Sie vielleicht bestimmte Medikamente? Die können wir für Sie holen lassen“, bot Auerbach weiter an.

Marlis zögerte einen Moment.

„Nein, das auch nicht. Aber ich benötige ein paar Sachen. Etwas zum Umziehen, eine Zahnbürste ...“

„Das findet sich alles“, beruhigte Auerbach sie genüsslich. „Sie sind nicht die erste Verdächtige, die wir hier behalten.“

„Aber ich muss nach Hause!“

„Warum?“

„Ich … ich muss einfach. Bitte, es ist wichtig!“

„Tut mir leid, den G’fallen können wir Ihnen beim besten Willen nicht tun.“

„Von der krieg’n wir koa Geständnis nicht“, kommentierte Auerbach, als er mit Patrick allein war. „Die lebt in oana andern Welt.“

„Aber ich habe sie doch gehört“, protestierte Patrick.

„Freilich. Und der Russe aa. Ganz zu schweig’n von Ihrer Lehrerin“, wehrte Auerbach ab. „Mich tät aber interessieren, warum sie so unbedingt z’rück in ihre Wohnung wollt. Die müss’n wir sowieso untersuch’n. Besorg’n S’ mal a Durchsuchungsanordnung und schick’n S’ ein paar Kollegen hin.“

„Jetzt? Ich werde den Staatsanwalt aus dem Bett klingeln müssen. Und der ...“

Auerbach machte eine ungeduldige Handbewegung, warf dann aber einen Blick auf die Uhr und nickte: „Stimmt. Dann gleich als erst’s morgen früh. Mir b’halten die Seebohm auf jeden Fall da. Dann is die Sach ned ganz so eilig.“ Auerbach zuckte mit den Schultern. „Und jetzt red’n wir mal mit Ihrer zukünftigen Vermieterin.“

Als Nächstes baten sie Annamirl ins Verhörzimmer. Sie bestätigte Patricks Angaben.

Als sie fertig war, verabschiedete sich Auerbach jedoch nicht einfach von ihr, sondern schaltete das Aufnahmegerät aus und bat Patrick, mal nach Michael Russe zu sehen.

„So", sagte er dann zu Annamirl, als sich die Tür hinter Patrick geschlossen hatte. „Jetzt hätt ich bloß noch eine Frage …" Er schaute sich unbehaglich um. Die nächsten Worte fielen ihm ganz offensichtlich sehr schwer: „Wie sind Sie ganz genau d'rauf kommen?"

„Worauf?" Annamirl konnte nicht anders. Sie genoss es, ihn ein wenig zappeln zu lassen.

Auerbach atmete tief durch und schaute sie eindringlich an. Doch sie lächelte nur, ganz Unschuld.

„Na, dass es Marlis Seebohm g'wesen ist", bequemte er sich schließlich, die Frage zu präzisieren. „Ich meine, heimliche Verlobte schon klar. Aber woher wussten Sie, dass die echte und die heimliche Verlobte nicht ein und dieselbe war'n?"

„Oh, eigentlich war es ganz einfach …", begann Annamirl weitschweifig auszuführen, hatte dann aber Mitleid mit ihm. „Ich war ja an dem Tag bei Doktor Laumann, um eine Liste für mein Testament abzugeben."

Auerbach setzte an, etwas dazu sagen, überlegte es sich aber anders. Stattdessen bedeutete er Annamirl mit einer Geste fortzufahren.

„Marlis stand hinter ihrem Schreibtisch, ihre Handtasche in der Hand. Ich dachte, sie wollte in Mittagspause gehen. Aber dann setzte sie sich hin und räumte die Tasche weg. Außerdem sagte sie mir, Laumann sei NOCH nicht zurück. Damals fand ich nichts dabei. Aber dann sagte mir Patrick, Herr Scholl, dass Russes Verlobte um zwölf Uhr angefahren worden war. Und ich weiß genau, dass ich Marlis um halbeins sah – meine Nachbarin hatte mich zum Essen eingeladen, als ich aus Karlsfeld wegfuhr. Und die Familie isst immer pünktlich um zwölf, komme, was da wolle. Und dass Marlis ihre Tasche einfach so weggeräumt hatte, zeigte, dass sie schon in Mittagspause gewesen war. Sie und die Verlobte von Herrn Russe konnten also nicht ein und dieselbe Person sein. Andererseits war Marlis geradezu freudig erregt und erzählte mir, sie würde abends Michael Russe treffen und dann würden sie alles offiziell machen …" Annamirl hob die Hände. „Zu dem Zeitpunkt hatte ich angenommen, dass Michael Russe sie angerufen hatte und sie sich deshalb so freute."

„Ja, und?"

„Er kann sie nicht angerufen haben, denn er wusste gar nichts von seinem Glück. Marlis Seebohm war so freudig erregt, weil sie gerade seine tatsächliche Verlobte überfahren hatte. Sie hatte Freude daran!"

„Und deshalb hab'n Sie ang'nommen, dass ihr auch noch ein Mord leichtfallen würde?"

„Richtig. Wenn Herr Russe nicht auf sie eingehen würde, hätte sie wohl kaum Bedenken, ihn auch zu töten. Denn er war in ihren Augen ein Verräter, der ihr nur schöne Augen gemacht hatte, damit sie alle, die ihm und seinem Erbe im Weg standen, beseitigen würde."

„Verstehe." Auerbach musste zugeben, dass die Logik hinter Annamirls Worten nicht zu leugnen war. „Die Seebohm hatten wir überhaupt nicht auf dem Schirm", gab er dann widerwillig zu.

„Wie sollten Sie auch?", versuchte Annamirl zu trösten. „Wenn ich nicht wegen meines Testaments bei Herrn Laumann gewesen und dadurch mit Marlis ins Gespräch gekommen wäre, hätte ich auch keine Ahnung gehabt. Ich meine, Sie wären über kurz oder lang darauf gekommen. Schließlich hielt sich Marlis tatsächlich für Russes Verlobte und hätte sich auch weiter so benommen. Aber vorher hätte sie womöglich auch noch Russe umgebracht …"

„Woher wussten Sie, dass sie eine Pistole hat?"

„Wusste ich nicht." Annamirl schaute Auerbach entrüstet an. „Ich habe mir nur gedacht, dass sie von Herrn Russe ein Liebesgeständnis hören wollte. Und da das wohl kaum passieren würde, hätte sie sich verraten gefühlt und ihn umgebracht. Vielleicht mit einem Messer oder irgendetwas anderem, das ihr in die Hände kam. Das war, denke ich, die logische Konsequenz in ihrer gestörten Welt." Annamirl machte ein nachdenkliches Gesicht. „Man hat ihr wirklich nicht angesehen, in welchen Wahn sie sich da hineingesteigert hat. Armes Mädchen."

Sie legte den Kopf schief und betrachtete Auerbach, der immer noch recht unbehaglich dreinsah.

„Keine Sorge", versicherte sie ihm heiter. „Ich werde niemandem erzählen, dass ich den Fall vor Ihnen gelöst habe."

„Also, des wär ja wohl auch …", polterte Auerbach los, verschluckte aber den Rest des Satzes, als er Annamirl grinsen sah. „Sie sind mir schon eine", stellte er stattdessen fest. „Ich tät ja zu gern wissen, wie mein Nachfolger mit Ihnen klarkommt."

„Ihr Nachfolger? Werden Sie befördert?"

„Naa, ich hör auf." Auerbach zog die Augenbrauen zusammen und hob dann warnend den Finger: „Aber wenn Sie des irgendwem sag'n, lauer ich Ihnen persönlich in einer finster'n Ecke auf!"

Michael Russe hatte den Aussagen von Patrick und Annamirl wenig hinzuzufügen. Aber bei ihm ging es Auerbach auch noch um ein paar lose Enden, die er verknüpft haben wollte.

„Woher kannte Frau Seebohm Ihre Verlobte, die Frau Höger?", wollte er wissen.

„Es ist schon ein paar Wochen her", erklärte Russe müde, „da kam Gaby in die Kanzlei, in der ich mal wieder auf meine Tante wartete. Wir wollten zusammen Mittagessen gehen, aber Tantchen bestand darauf, unbedingt ihren Anwalt aufzusuchen. Gabys Büro und die Kanzlei sind nur ein paar Häuser voneinander entfernt, und Gaby meinte, sie käme dann eben zu mir und wir könnten dann zusammen mit Tante Afra essen. Gaby hat sich immer sehr bemüht, sich mit ihr gut zu stellen … das hätte sie auch gleich bleiben lassen können. Tantchen mochte sie nicht, und wenn sie erstmal jemanden nicht mochte ... Nun, jedenfalls, ich saß noch bei Frau Seebohm herum, Gaby kam dazu, ich hab die beiden einander vorgestellt und, glaube ich, auch erwähnt, dass Gaby ganz in der Nähe arbeitet."

„Ah, verstehe", nickte Auerbach. Er machte eine Pause und betrachtete sein Gegenüber. Russe war völlig fertig. Sein Gesicht war fahl, und er sah mindestens zehn Jahre älter aus, als er tatsächlich war.

„Und Sie hatten wirklich keine Ahnung, was Frau Seebohm für Sie empfand?", fragte Auerbach für seine Verhältnisse geradezu behutsam weiter.

„Nein!" Russe warf die Hände in die Luft. „Wie sollte ich denn? Ich mochte sie noch nicht mal sonderlich. Sie war mir immer zu eifrig, zu emsig … ich weiß gar nicht, wie ich es nennen soll! Ich war höflich. Na ja, ich hab mich schon bemüht, nett zu sein. Sie tat mir ein wenig leid. Tagein, tagaus in diesem Büro rumzusitzen … sie schien auch nicht gerade eine Intelligenzbestie zu sein oder hatte anscheinend auch keine besonderen Interessen oder Hobbys. Die Gespräche waren immer recht zäh. Eine Schönheit war sie auch nicht gerade. Einfach nur eine uninteressante graue Maus."

Er atmete tief durch. Da klingelte sein Handy.

„Entschuldigen Sie", bat Russe, „Kann ich? Es könnte das Krankenhaus sein … Ich hab denen gesagt, sie können mich zu jeder Zeit anrufen."

Auerbach nickte nur, und Russe nahm den Anruf entgegen. Anscheinend war es tatsächlich das Krankenhaus. Und offenbar hatten sie gute Neuigkeiten, denn Russe wirkte zumindest etwas erleichtert.

„Dem Baby geht es gut", verkündete er. „Gaby ist noch nicht wieder bei Bewusstsein, aber es gibt keine Raumforderung im Schädel. Das ist anscheinend etwas Gutes. Sie sagen, sie wäre stabil. Ein Arm ist gebrochen und der Oberschenkel …" Er unterbrach sich. „Aber was langweile ich Sie überhaupt mit diesem Zeug …"

„Sie langweilen mich durchaus nicht", widersprach Auerbach freundlich. „Ich gratuliere, dass die Verletzungen nicht lebensbedrohlich sind. Ich habe noch ein paar Fragen an Frau Höger. Aber das hat keine Eile." Er hielt einen Moment nachdenklich inne. „Eine Frage beschäftigt mich aber noch. Laut den Aussagen von meinem Kollegen Scholl und der Frau Hofstetter hat die Frau Seebohm irgendwas von einem Blumenstrauß g'sagt."

„Ach ja, das.“ Russe seufzte. „Ich bin nicht stolz darauf, aber es war so: Ich habe meiner Tante einen großen Strauß zum Valentinstag mitgebracht. Ich gebe es offen zu – ich wollte mich bei ihr ein wenig einschleimen. Mir ging es da finanziell nicht ganz so gut, und ich dachte, ich versuch es mal bei Tantchen. Das Geld hätte ich mir aber gleich sparen können, sie wollte den Strauß partout nicht haben und reagierte richtig verärgert. Da dachte ich, ich bring den Strauß zu Gaby. Wir schenken uns ja eigentlich nichts zum Valentinstag. Aber ich dachte, es wäre die praktischste Lösung, weil ich ja ohnehin mit Tante Afra zum Anwalt fahren musste. Sie wollte mal wieder ihren Nachbarn wegen irgendwas anzeigen. Ich hatte den Strauß dabei, als ich Tantchen in der Kanzlei ablieferte. Ich wollte ja gleich weiter zu Gaby. Die hat es zwar nicht gern, wenn man sie bei der Arbeit stört, aber bei einem Blumenstrauß machte sie bestimmt mal ne Ausnahme, dachte ich. Als ich dann aber reinkam, schaute diese Sekretärin mit so großen Augen auf die Blumen, dass ich sie kurzentschlossen ihr schenkte. Ich dachte mir, dass das arme Dinge bestimmt noch nie etwas zum Valentinstag bekommen hat …“ Russe zuckte mit den Schultern. „Wenn das jetzt alles ist … ich würde gern ins Krankenhaus fahren. Ich halte die Warterei einfach nicht mehr aus … Irgendwer wird mich schon reinlassen.“

„Ja, freilich. Entschuldigen S', dass es so lange dauert hat." Auerbach erhob sich und winkte dem uniformierten Kollegen, die Tür aufzumachen. „Alles Gute für Sie und Frau Höger."

„Danke." Russe nickte ihm zu und stürzte dann hinaus.

„Alles passt z'ammen", stellte Auerbach fest. „Aber des war wirklich der verreckteste Fall, den ich in meiner Laufbahn jemals g'habt hab. Ich hoff' wirklich, dass die nächsten vier Monat nix in der Art mehr passiert."

Patrick spitzte die Ohren.

„Ich glaube, so ein Fall kommt höchstens mal alle zehn Jahre vor", sagte er dann so unbeteiligt wie möglich. „Vier Monate?", warf er dann noch wie nebenbei hin.

„Scholl, wenn Sie denk'n, Sie können mich reinleg'n …", reagierte Auerbach aber sofort.

„Na ja, ich würde halt gern wissen, woran ich bin", verteidigte sich Patrick. „Immerhin bekomme ich dann einen neuen Chef, und wer weiß, wie der so ist!" Er zögerte. „Ich hab immer gern mit Ihnen gearbeitet und eine Menge von Ihnen gelernt", gestand er.

„Na ja, ich hätt's auch schlechter treff'n können", gab Auerbach grummelig zu. „Und ja, in vier Monat ist Schluss. Am 23. August ist mein letzter Tag."

Samstag, 27. April 2019

Ein wenig beklommen war Julia schon zumute, als sie wieder ins Büro kam. Der Beamte am Eingangstresen lächelte sie freundlich an.

„Na, zum Wochenenddienst verdonnert worden?“, fragte er mitfühlend.

„Na ja, Sie wissen ja, wie das ist: Ein offener Fall – da gibt’s keine freien Tage“, erwiderte Julia vorsichtig.

„Ich hab g’hört, dass es da eine Festnahme ‘geben hat.“ Der Beamte drückte auf den Summer, um sie einzulassen.

„Stimmt. Ich hab eine SMS von meinem Kollegen bekommen.“

„Sie waren ja leider krank. Geht’s wieder?“

Julia wunderte sich überhaupt nicht, dass er Bescheid wusste, und fragte sich eher, ob er auch den Anlass kannte, mitsamt Hintergrund und Ausschmückungen. Jedes noch so kleine Gerücht fand nämlich garantiert seinen Weg zu den Eingangsdrachen, wie sie manchmal genannt wurden. Nicht selten wurden sie sogar in ihrem Kabäuschen aus schusssicherem Glas ausgebrütet. Denn diese Beamten sahen alles, kannten jeden, hatten einen besonderen Instinkt für Veränderungen, vor niemandem Respekt – und vor allem viel Zeit totzuschlagen.

„Ja, es geht wieder", murmelte sie nur.

Womöglich hatte sie ja ein Kollege mit Patrick beim Italiener gesichtet. Oder, schlimmer noch, jemand hatte sie sturzbetrunken aus dem Lokal kommen sehen. Oder vielleicht war Patrick etwas rausgerutscht. Obwohl ihm das gar nicht ähnlich sah. Aber vielleicht hatte sie ihn ja dermaßen in Verlegenheit gebracht, dass er es erwähnte.

„Migräne, hm?", meinte der Drache da jedoch. „Hat meine Frau gestern auch g'habt. Sie schwört, dass da ein Wetterwechsel kommt."

„Gut möglich." Julia brachte ein Lächeln zustande.

Ihre Eskapade war also nicht bekannt geworden. Aber das war auch gar nicht so sehr der Grund, warum Julia ein mulmiges Gefühl hatte. Der saß vielmehr bei ihr im Büro:

„Guten Morgen", sagte Patrick fröhlich. „Ich hab dir ein Croissant mitgebracht. Und eine Breze, wenn du lieber so etwas hättest."

„Da … danke." Julia wusste nicht so recht, wie sie darauf reagieren sollte. Patrick benahm sich, als wäre gar nichts gewesen. Dabei konnte sie sich beim besten Willen nicht erinnern, was gewesen war, außer, dass es peinlich wurde. Peinlich, weil sie zu viel getrunken und sich dann sehr daneben benommen hatte.

„Ich hätte tatsächlich lieber die Breze“, murmelte sie und setzte sich.

„Bitte die Dame: Eine Breze und ein Kaffee!“, schwungvoll platzierte Patrick einen Teller und einen Becher vor sie.

„Danke.“ Eine Weile starrte Julia auf die beiden Sachen. Ihr Hunger hielt sich sehr in Grenzen.

„Es tut mir leid wegen …. du weißt schon“, sagte sie schließlich.

„Wieso denn? Ist doch nichts passiert.“ Patrick machte eine wegwerfende Handbewegung. „Du warst beschwipst, und ich hab dir ein Taxi spendiert. Mehr war nicht.“

„Wirklich nicht?“

„Wirklich nicht.“

Julia erinnerte sich verschwommen, dass sie dem Kollegen Avancen gemacht hatte. Oder bildete sie sich das nur ein?

„Bist du sicher?“, forschte sie nach.

„Natürlich bin ich sicher!“ Patrick lachte. „Es ist nichts passiert. So, und nun trink deinen Kaffee. Dann erzähl ich dir auch von der spektakulären Festnahme, die ich gemacht habe.“ Er warf sich in die Brust. „Es war nämlich die Sekretärin von dem Anwalt. Die kleine Blonde, die uns in der Kanzlei Laumann in Empfang genommen hat. Erinnerst du dich?“

„Dunkel.“

„Ja, an die hat keiner gedacht."

„Und du bist sicher, dass nichts …"

„Ja, bin ich. Hör mal. Es war ein netter Abend, und wir sind immer noch Freunde. Okay?"

„Okay." Julia fühlte Erleichterung und eine tiefe Dankbarkeit in sich aufsteigen. Und die Breze sah auf einmal sehr appetitlich aus. „Also gut." Sie nahm einen großen Schluck Kaffee. „Das Taxi zahl ich dir natürlich zurück. Und die Hälfte vom Essen."

Patrick machte eine wegwerfende Handbewegung, und Julia lächelte. Darüber würden sie später nochmal reden, nahm sie sich vor. Im Moment war am wichtigsten, dass Patrick sein Abenteuer loswerden konnte. Julia konnte ihm ansehen, dass er schon ganz hibbelig war.

„Also gut", sagte sie also, „was ist gestern passiert? Ich will alles wissen! Das ist übrigens ziemlich gemein, dass du ausgerechnet dann einen Fall knackst, wenn ich nicht da bin."

Sonntag, 28. April 2019

„Das war wirklich knapp“, erklärte Monika, als sie zu Annamirl ins Auto stieg. „Wenn der Jochen nicht angerufen hätte, um Bernd zu sagen, dass er unbedingt mit ihm über die Fußballjugend reden will, wäre der doch tatsächlich mitgekommen.“

„Ja, ich weiß.“

„Dann steckst du also tatsächlich dahinter? Du hast mit Jochens Frau telefoniert?“

„Ursula, ja. Ich hab dir ja schon erzählt, dass wir uns immer sehr gut verstanden haben. Sie haben sogar ihre Tochter nach mir benannt. Und als ich gestern Nachmittag zufällig mit ihr telefonierte ...“

„Oh, ganz zufällig, ja?“

„Ganz zufällig. Und da kamen wir auch auf den Sportverein einerseits und die Unabhängigkeit der Frau andererseits zu sprechen. Außerdem habe ich, glaube ich, so ganz nebenbei erwähnt, dass Kinder Lob brauchen, wenn sie nicht die Freude am Sport verlieren wollen.“

„Ach, verstehe.“ Monika grinste. „Aber jedes Mal wird das nicht gehen.“

„Nein, irgendwann müssen wir wohl in den sauren Apfel beißen. Aber bis dahin sind wir im *Weinzierl* schon ein wenig bekannter und kommen trotzdem zum Tanzen. Oder aber wir kennen zumindest die anwesenden Damen schon ein wenig besser und unterhalten uns so ausgiebig mit denen, dass Bernd sich sehr fehl am Platz fühlt. Und du könntest dein Kleid ja auch anziehen, wenn du Bernd zum Sommerfest des Golfklubs begleitest. Denn dafür hast du es dir ja eigentlich auch gekauft." Annamirl zwinkerte Monika zu. „Es ist übrigens wirklich ein wunderschönes Kleid. Die Farbe steht dir."

„Danke. Aber ich geh ja nie mit zu diesem Sommerfest. All diese geldigen, g'schmerzten Weiber, die nichts Besseres zu tun haben, als sich gegenseitig mit irgendwas zu übertrumpfen – wie viele Promis sie kennen, was sie sich gerade wieder Teures angeschafft haben und wieso der eigene Jacuzzi viel besser ist als der von der oder der …"

„Aber da muss es doch auch ganz normale Frauen geben."

„Die entweder auch nicht hingehen oder eine verschworene Clique bilden."

„Verstehe. Aber trotzdem: Dieses Mal wirst du mitgehen. Und das schöne Kleid hast du extra dafür gekauft."

„Ach?"

„Ja, und …" Annamirl schluckte. Das folgende Versprechen fiel ihr schwer, aber was tat man nicht alles aus Freundschaft: „Ich werde mitkommen und dich bei Laune halten.“

„Ich habe Sie hier noch nie gesehen“, meinte der junge Mann mit den dunklen Locken, der Annamirl zum Tanzen aufgefordert hatte. Das musste Mirko sein, die Beschreibung, die Patrick von ihm gegeben hatte, passte genau.

„Meine Freundin und ich haben das Lokal erst kürzlich entdeckt“, antwortete sie. „Eine andere Freundin hat es uns empfohlen. Sie schwärmte auch ganz besonders von einem jungen Mann namens Arnold, der hier verkehrte. Der kommt aber wohl jetzt nicht mehr.“

„Nein, leider.“ Mirko machte ein trauriges Gesicht. „Er war ein guter Freund von mir.“

„War?“

„Er wurde, er ist … gestorben.“

„Wie schrecklich.“

„Ja, aber ich werde sein Andenken hochhalten.“

„Das ist ein sehr schöner Gedanke.“ Annamirl zweifelte nicht daran, dass Mirko das wirklich schaffen würde. Er sah gut aus, war makellos gekleidet und ein großartiger Tänzer. Der schmerzliche Zug um den Mund stand ihm außerdem ausgesprochen gut. Die Frauen würden Schlange stehen, Mirko zu trösten. Nicht dass Annamirl annahm, dass Mirko seine Trauer nur spielte. Er schien seinen Freund ernstlich zu vermissen. Aber die Damenwelt wollte nun einmal so gern helfen – das Kümmerer-Gen auf dem X-Chromosom, hatte Annamirl mal gelesen und fand das sehr passend. Mirko würde seinen Weg machen, da war sich Annamirl ganz sicher.

„Und dass du den Fall gelöst hast", fragte Monika, als Annamirl wieder an ihrem Platz saß und sie auf Mirko hinwies, „hast du ihm das gesagt?"

„Nein, natürlich nicht", wehrte Annamirl ab. „Womöglich denkt er dann, er müsste mir dankbar sein, und ich werde ihn nicht mehr los." Sie schlug verlegen die Augen nieder, als Monika sie empört anschaute. „Du weißt, wie ich das meine."

„Hm, ja. Ich denke schon. Aber …", Monikas Miene hellte sich wieder auf, „ich hätte ja zu gern das Gesicht dieses Kommissars gesehen, als du ihm die Mörderin präsentiert hast! Das hat ihm bestimmt gar nicht gefallen."

„Nein, ich glaube auch, dass er nicht sehr glücklich darüber war." Annamirl grinste. „Und ich denke, es wurmt ihn besonders, weil es wahrscheinlich sein letzter Mordfall vor der Pensionierung war."

Ende April 2019

Annamirl hatte Patrick und Sandra zum Essen in ein asiatisches Restaurant an der Münchner Straße eingeladen. Um Patricks Einzug zu feiern, gab sie als offiziellen Grund an. Aber Patrick hatte den Verdacht, dass sie nur mehr über den Abschluss des Mordfalles wissen wollte. Nun, da sie den Fall ja eigentlich ganz allein gelöst hatte, fand Patrick es nur fair, sie einzuweihen.

„Die Pistole gehörte wahrscheinlich dem Klesinger", verriet er also ohne Umschweife, nachdem er sich an dem aufgebauten Buffet bedient hatte. „Die Seebohm könnte sie mitgenommen haben, nachdem sie Klesinger erschlagen hatte. Sie macht so Andeutungen in dem Tagebuch, das die Kollegen in ihrer Wohnung gefunden haben. Überhaupt steht da alles drin über den Mord und die geplanten Morde … Sie hatte sogar überlegt, die alte Frau Russe umzubringen. Nur ist die dann schon vorher gestorben." Er spießte ein Fleischbällchen auf und steckte es sich in den Mund. „Wir haben das Tagebuch dann der Seebohm gezeigt, und die hat gemeint, dass ihr das jemand untergeschoben hat. Sie hat tatsächlich bestritten, dass das ihre Schrift ist. Dabei haben wir sie vorher extra einen kurzen Text schreiben lassen, und die Schrift ist absolut identisch."

„Das ist ja kaum zu glauben“, staunte Annamirl.

„Wir haben sogar ein Brautkleid in ihrem Kleiderschrank gefunden. Das wurde ihr auch untergeschoben, sagte sie dazu. Dabei war noch das Preisschild dran und die Verkäuferin erinnert sich noch gut an sie, weil die Seebohm ganz allein kam. Normalerweise sind zumindest ein paar Freundinnen dabei. Gekauft hat sie das Kleid übrigens am neunten April. Das muss am Tag nach der Ermordung von Arnold Klesinger gewesen sein. Der Eintrag im Tagebuch dazu ist jedenfalls vom achten April.“

„Du meine Güte. Langsam wird mir diese Frau unheimlich.“

„Wir haben auch ein paar Schuhe sichergestellt, an denen Blut gefunden wurde. Sie ist, wie sie selbst in ihrem Tagebuch schreibt, extra nach München gefahren und hat ihre Kleidung in einen Müllcontainer geworfen. Keine Chance, die noch zu finden. Das war ziemlich clever. Aber die Schuhe hat sie offenbar behalten. Ganz dummer Fehler.“

„Von Schuhen trennt eine Frau sich eben ungern.“ Sandra zwinkerte ihm zu. „Besonders wenn es teure Markenschuhe sind. Du weißt wohl nicht zufällig, was für Schuhe genau es waren?“

„Äh, Schuhe halt. Schwarz mit einem Absatz – ungefähr so hoch …“ Patrick hielt Daumen und Zeigefinger ungefähr acht Zentimeter auseinander.

„Die Marke weißt du nicht?“

„Nö.“

„Typisch Mann.“

„Na, na“, ging Annamirl dazwischen, während sie Nudeln um ihre Gabel drehte. „Wahrscheinlich hat sie einfach nicht dran gedacht. Oder sie glaubte, dass Blut auf schwarzem Leder nicht weiter auffällt und dass ohnehin keiner auf die Idee kommt, ihre Schuhe zu untersuchen. Was hat sie denn dazu gesagt?“

„Sie meinte, das Blut müsste von dem Reh sein, das sie angeblich angefahren hat. Übrigens hat man auch an ihrem Wagen Spuren von Frau Högers Blut gefunden. Die Beweiskette ist absolut wasserdicht. Nur ein Geständnis fehlt. Wir werden einen Gutachter hinzuziehen, der sich den Geisteszustand von Marlis Seebohm genauer anschaut.“

„Was sagt Hauptkommissar Auerbach denn dazu?“

„Er sagt, das kratzt ihn nicht mehr. Die Sachlage ist klar und basta. Er hofft nur, dass in seinen letzten Wochen im Amt kein weiterer Mord passiert – und er hat mich gebeten, dir zu sagen, dass du gefälligst von Leichen die Finger lassen sollst, bis er weg ist.“

„Ach, hat er?“ Annamirl schmunzelte.

Freitag, 23. August 2019

Auerbach hatte es befürchtet, aber irgendwie freute er sich doch, als nach dem Mittagessen alle Kollegen in seinem Büro auftauchten, Konfetti und Luftschlangen warfen und volle Sektgläser schwenkten.

„So ganz ohne Feier kommst du uns nicht aus, altes Haus!“, rief ein langjähriger Kollege. „Der Chef kommt später auch noch und will eine Rede halten. Komplett mit Blumenstrauß und Abschiedsgeschenk.“

„Des fehlt mir grad noch“, brummte Auerbach, schmunzelte aber. Als ihm dann noch jemand statt des Sekts ein Weißbier in die Hand drückte, strahlte er regelrecht. Und dann kamen auch noch Patrick und Julia mit einer großen Torte.

„Des hätt's aber net braucht“, wehrte Auerbach fröhlich ab. „Habt's ihr zwei die selber backen?“

„Nein, die ist von Frau Hofstetter“, erklärte Patrick.

Auerbachs Lachen erstarb. Er beäugte die Torte misstrauisch, als würde er damit rechnen, dass sie gleich explodierte.

„Schaut guad aus“, presste er schließlich heraus. „Pfenningguad. Aber so a Kuacha passt jetzt net wirklich zum Weißbier. Esst's den besser ohne mich.“

„Aber anschneiden müssen Sie die Torte schon“, forderte Julia und hielt ihm ein großes Messer hin.

Auerbach nahm es widerwillig und schnitt in die Torte. Nichts geschah. Auch nicht nach dem zweiten und dem dritten Schnitt. Es war eine ganz normale Torte mit Kirschen und sehr viel Sahne. Auerbach tat sein Bestes, um nicht sichtbar aufzuatmen. Dabei musste er zugeben, dass es wirklich nicht zu Annamirl gepasst hätte, ihm einen solchen Streich zu spielen.

„Und hast du schon Pläne für den Ruhestand?“, fragte ein Kollege.

„Erstmal drei Wochen Urlaub.“

„Wo soll's denn hingehen?“

„Karibik.“ Resi Auerbach hatte sich nicht erweichen lassen.

„Karibik? Aber da gibt's doch gar kein Weißbier!“

„Des klingt ja, als käm i ohne gar net aus …“, protestierte Auerbach.

Doch er konnte sich kaum Gehör verschaffen, denn irgendjemand fing an, das alte Lied von Paul Kuhn zu singen, und alle stimmten ein: *„Es gibt kein Bier auf Hawaii, es gibt kein Bier. Drum fahr ich nicht nach Hawaii, drum bleib ich hier ...“*

„So ein Schmarrn!“, protestierte Auerbach. „Das ist doch ganz falsch. Karibik ist im Atlantischen Ozean, Hawaii liegt im Pazifik.“

Aber das interessierte den Chor irgendwie gar nicht: „… *Es ist so heiß auf Hawaii, kein grüner Fleck! Und nur vom Hula-Hula geht der Durst nicht weg.*“

Bayrisch – deutsch

amoi	einmal
Bissgurkn	streitsüchtiges Weib
bläd	blöd
Bua	Bub, Junge
Deandl	Mädchen
Deifl	Teufel
dramhappat	verträumt
ebbs	etwas
etzad	jetzt
g'schmerzt	eingebildet, arrogant
geldig	reich
Gfrett	lästiger Aufwand, Mühe
Gspusi	Liebste(r), Schatz
Habe d'Ehre	"Habe die Ehre", Abschiedsgruß
Hallodri	unzuverlässiger, unbeschwerter, leichtsinniger Mann
Hirntoni	dummer Mensch
kloa, kloaner, kloane	klein, kleiner, kleine
Kloane, Kloana	Kleine, Kleiner
kraxln	klettern

Lackl	ungehobelter Kerl
ned	nicht
oana/oane/oans	einer/eine/eins
obi	hinunter
obleamen	veralbern, verarschen
oid, oide	alt, alte
ois	alles
pfenninggguad	ausgezeichnet
Pfiad di	Abschiedsgruß, ähnlich tschüss
pratzeln	jemanden hereinlegen, übers Ohr hauen
Ratschkatl	geschwätzige weibliche Person
Sanka	Kurzwort für Sanitätskraftwagen, also ein Rettungswagen
umasunst	umsonst
verreckt	abscheulich, grausam, aber auch: anspruchsvoll, kompliziert

Anmerkung

Dieses Buch ist reine Fiktion. Namen, Charaktere, Unternehmen, Organisationen, Orte und Ereignisse sind entweder das Produkt der Phantasie der Autorin oder werden fiktiv verwendet. Jede Ähnlichkeit mit tatsächlichen Personen, lebenden oder toten, Ereignissen oder Orten ist völlig zufällig und nicht beabsichtigt.

Auch wir hassen Tippfehler, aber manchmal schlüpfen sie durch. Sollten Sie also einen finden, schicken Sie doch bitte eine Mail an info@raposaverlag.de. Er wird dann so schnell wie möglich behoben. Für Leser mit Adleraugen, die sich die Zeit nehmen, uns zu kontaktieren, sind wir sehr dankbar.

Danksagung

Ich möchte mich an dieser Stelle bei der LBK München bedanken, die mir einen wertvollen Einblick in die Forensik gewährte.

Danke sage ich auch dem Institut für Rechtsmedizin in München, deren Sektionsräume ich besichtigen durfte.

Bedanken will ich mich auch bei Prof. Dr. med. Christian von Rüden, MSc, Chefarzt Abteilung Unfallchirurgie und Orthopädie Helios Amper-Klinikum Dachau, der mir mit Engelsgeduld die Vorgänge bei einem Notfalleinsatz erklärte.

Sollte es in diesem Buch Fehler im Ablauf geben, liegt das ausschließlich an mir.

Mein Dank gilt außerdem Jochem für sein einfühlsames Lektorat, das ihm besonders bei den bayerischen Stellen ziemlich viel abverlangte.

Vor allem aber danke ich meinem Mann, der mich gewohnt gelassen unterstützte und mir stets mit Rat und Tat, Kritik und Lob zur Seite stand.

Weitere Bücher von Ruth M. Fuchs

Tatort Amper

Ein Krimi aus dem Dachauer Moos

Ein Fall für Annamirl 1

Auch nördlich von München wird gemordet!

Die Amperauen bei Dachau sind ein friedliches Stückchen Natur.

Doch dann findet die Annamirl Hofstetter beim Spaziergehen gleich zwei Leichen. Die pensionierte Lehrerin weiß sofort: Die beiden wurden ermordet.

Als dann ausgerechnet ihr Patenkind in Verdacht gerät, die Mörderin zu sein, bleibt Annamirl gar nichts anderes übrig, als den Helden ihrer geliebten englischen Krimis nachzueifern und auf eigene Faust den wahren Täter zu finden. Natürlich muss das hinter dem Rücken des bärbeißigen Hauptkommissars Auerbach geschehen, denn der hält von Annamirl und ihren Ideen überhaupt nichts.

Tatort Amper
ein Krimi aus dem Dachauer Moos
von Ruth M. Fuchs
erhältlich als eBook und Taschenbuch
ISBN: 978-3-947832-00-2

Tod einer Zwiderwurzn

Ein Niederbayernkrimi

Quirins Mordsfälle 1

In Straubing, um Straubing, um Straubing herum ...

Im Geiselhöringer Freibad stirbt am helllichten Nachmittag eine Frau. Sie wurde vergiftet! Für Hauptkommissar Quirin Kammermeier und seine Kollegin Sabine Pfeiffer herrscht kein Mangel an Verdächtigen, denn die Tote betrieb einen Blog, auf dem sie über alles und jeden herzog. Auch vor der eigenen Familie machte sie dabei nicht Halt.

Staatsanwalt Stefan Höppner ist keine große Hilfe, denn ihn beschäftigt weit mehr seine Rolle als Herzog Ernst bei den Agnes-Bernauer-Festspielen, deren Premiere kurz bevorsteht.

Während das Ermittlerduo noch im Dunkeln tappt, geschieht ein zweiter Mord. Dieses Mal mitten in Straubing. Doch das Gift ist das gleiche: Zyankali.

Tod einer Zwiderwurzn

ein Niederbayern-Krimi

von Ruth M. Fuchs

erhältlich als eBook und Taschenbuch

ISBN: 978-3-9818029-8-6

Tod eines Bierdimpfls
Ein Niederbayernkrimi
Quirins Mordsfälle 2

Die staade Zeit … hat's in sich!

Quirin Kammermeier, Hauptkommissar aus Straubing, freut sich auf sein erstes gemeinsames Weihnachten mit seinem Freund Kurt im schwäbischen Tuttlingen. Da schreckt ihn ein Anruf seines Kollegen Rolf auf: Sabine, Quirins langjährige Kollegin und gute Freundin, steht unter Mordverdacht. Und es sieht gar nicht gut für sie aus.

Sofort lässt Quirin alles stehen und liegen und fährt zurück nach Straubing, um ihr zu Hilfe zu eilen. Aber das ist gar nicht so einfach, denn offiziell darf er nicht ermitteln. So muss er auf recht unkonventionelle Methoden zurückgreifen, um vielleicht doch noch herauszufinden, wer der wahre Mörder ist. Und das bedeutet, dass er auch bereit sein muss, ein großes Risiko einzugehen.

Tod eines Haderlumpen
ein Niederbayernkrimi
von Ruth M. Fuchs
erhältlich als eBook und Taschenbuch
ISBN: 978-3-947832-05-7

Tod eines Haderlumpen
Ein Niederbayernkrimi
Quirins Mordsfälle 3

Das Straubinger Gäubodenfest: Brauchtum, Gaudi, Spaß – und ein Toter mitten im Bierzelt.

Hauptkommissar Quirin Kammermeier steht vor einem Rätsel. Wie konnte jemand unter all den anderen Leuten unbemerkt erstochen werden? Und warum ausgerechnet ein harmloser und scheinbar allseits beliebter Rentner?

Doch damit nicht genug! Quirin muss sich auch noch mit einer neuen Kollegin abplagen, die ihn nicht ausstehen kann und daraus kein Hehl macht. Aber liegt das wirklich nur an Quirin? Oder ist es vielleicht doch eher das Geheimnis, das die Neue mit sich herum trägt und unbedingt vor aller Welt verbergen will?

Tod eines Haderlumpen
ein Niederbayernkrimi
von Ruth M. Fuchs
erhältlich als eBook und Taschenbuch
ISBN: 978-3-947832-02-6

Erkül Bwaroo ermittelt

Erkül Bwaroo ist Privatdetektiv. Ein ungewöhnlicher Beruf für einen Elf. Doch der kleine Elf mit dem großen Schnurrbart und dem noch größeren Ego ist überaus erfolgreich, wenn es darum geht, verzwickte Märchenfälle mit Hilfe seiner kleinen grauen Zellen zu lösen.

Kenner werden sich an einen berühmten belgischen Detektiv erinnert fühlen. Tatsächlich kommt die Ähnlichkeit nicht von ungefähr. Und so könnte man die Reihe vielleicht am besten mit ‚Agatha Christie im Märchenland mit viel Witz und Verstand‘ umschreiben. Ungewöhnlich? Ja, bestimmt. Nur ein schlechter Abklatsch? Nein, auf keinen Fall!

Inzwischen umfasst die Reihe bereits sieben Bände und ein Ende ist nicht in Sicht.

Alle sind als eBook und als Taschenbuch erhältlich.